飛地出版

財富自由主義：金錢的多元宇宙

Moneyverse:

how money works in the multiverse

高重建 著

■新版序

一年多前，我把爲「財務自由」課堂而寫、關於分散式金融的文章合集，補充新內容編輯成書，任性地取了一個輕小說風格的名字——《所謂「我不投資」，就是 all in 在法定貨幣》，製作成 NFT，透過個人部落格及合作通路小規模發售。

感激飛地出版找來專業編輯、排版及設計師，把內容重新編排，換上更貼切又具學院味的新名字《財富自由主義：金錢的多元宇宙》，不但製作成傳統電子書在主要平台發售，更印刷小量紙本書，給依然鍾愛這種傳統媒介的讀者收藏。

2020 年出版《區塊鏈社會學：金錢、媒體與民主的再想像》後，我跟友人說，不會再寫書了，結果兩年多後，《所謂「我不投資」，就是 all in 在法定貨幣》出版。當時我又說，我只是出版 NFT 書而已，旨在實驗分散式出版，不會製作紙本，卽使想也沒有出版社願意，卽使有出版社願意也沒多少人想要買，結果一年後，又有了《財富自由主義：金錢的多元宇宙》。幸好這本書不是要預測幣價，否則肯定沒有說服力吧。

假如估計錯誤代表可以持續地寫，我很樂意一直錯下去。感謝信賴我和我的作品，以拙作爲頭炮紙本書的飛地出版及總編輯張潔平；謝謝編輯黃潤宇、設計師劉仁顯和排版的李宜靜；最後也是最重要的，當然是支持本書的你。出版業正面臨前所未有的困境，全賴有你，我能夠一篇又一篇地發表，一本接一本地出版，非常感恩。

高重建

2024.02

■推薦序——邊緣人沒有死心蹋地的資格

周欽華 （科技島讀 daodu.tech）

很榮幸能為高重建先生的《所謂「我不投資」，就是 all in 在法定貨幣》（即《財富自由主義——金錢的多元宇宙》初版書名）一書作序。在我心目中，高先生是兩岸三地華人裡，少數徹底實踐網路開放精神，有資格稱「賽博龐克」（cyberpunk）的人。

正港的 cyberpunk 是悠遊於網路世界，能領導潮流、影響文化的人。高先生正是如此。他允文允武。在文的部分，高先生長期寫作，持續推廣知識，而且不吝在網路社群中分享心得。在武的部分，高先生會技術，能實作，勇於嘗試新科技。例如本書出版的同時也發行 NFT，就是他對出版方式的一個試驗。此外，他亦是連續創業者，創辦了如今十分蓬勃的 LikeCoin 生態圈，亦是去中心化組織 DHK dao 的發起者。他可說是掌握了網路時代的三大利器：寫作、科技，以及創業。因此他得以影響人心、控制電腦，以及建立組織。

而高先生最「cyberpunk」的一點，是他發展事業同時發展理念。透過文字與組織，高先生持續推動其理念，包括鼓勵社群創作，以及

維護個人的財務與思想自由等，可說是結合工作與理想，交織感性與理性的最好例子。雖然他在部落格上自嘲為「辛勤的斜槓大叔」，但我認為從精神豐足的角度來看，他的事業是非常讓人羨慕的。我未曾見過高先生，但在寫「科技島讀」時透過文章與他神交已久，因此這次欣然應邀作序。

而正由於高先生在區塊鏈上已經走得很遠，因此本書對於我等區塊鏈「業餘士」格外有價值。區塊鏈領域總是大起大落：寒冬與火熱交替，欺詐與創新難分，騙子與英雄輩出，是一個令人目不暇給的「大西部荒野」。也是其迷人之處。我雖然長期分析科技趨勢，可是只能分出一部分心思涉獵區塊鏈；透過閱讀本書，讓我彷彿能站在第一線跟上區塊鏈的發展。

本書所提出的最重要論點是一個新的世界觀。其看似簡單，實則根本，就含於書名之中：不投資的人，實際上就是完全投資於法定貨幣之中。這就如愛因斯坦的相對論，或是伽利略的地動說一般，是一個嶄新的思維方式。當我們理解法幣不是唯一的選擇時，忽然之間，新的財務世界就向我們打開。我們多了無數的可能性，同時也要扛起更多的責任。

　　當人類發現地球不是宇宙的中心，就頓失依靠，發現必須靠自己尋求生命的意義。同樣的，當我們發現法幣也只是一種集體建構，一樣可能崩塌之後，我們就必須為自己的財務負起責任。而突破觀念的桎梏只是第一步。實務上如何建立個人的財務主權？這才是最困難的第二步。高先生在本書中以先行者的身份，提出了豐富的建議。

　　而且本書集結高先生的專欄，每一篇都不長，常常穿插生活經驗，可讀性極高。高先生也不是鼓吹「買幣」的投資名師。他更看重協助讀者建立正確的投資心態，以及使用安全的區塊鏈工具。書中有一篇高先生自我反省投資虛擬貨幣失利的錯誤，其直言不諱的態度更是難能可貴。

　　台灣讀者對高先生的心得應該會更加感同身受。高先生來自香港，經歷了 1997 至今的跌宕起伏，對於體制的壓迫格外敏銳，筆下帶著對政府的不信任，以及游移於不同體制之間的「邊緣人」的漂泊感。也因為如此，書中透露出保障個人財產、建構個人主權（soveriegnty）的急迫性，是歐美主流科技趨勢書籍中少有，卻是台灣讀者很能理解的。

　　台灣雖然相對自由、開放，但其實也才脫離專制不久，仍對政府

的壓迫心有餘悸。而 2022 年正值疫情、戰爭與通貨膨脹的交口，台灣人更需要借鏡香港的經驗，提防被「割韭菜」或不自覺地失去自由。更不用說台灣處於對岸專制政權籠罩的陰影之下，也必須未雨綢繆，建立具有韌性的組織，以及分散風險的資產配置。

　　說到底，台灣也是世界政局中的邊緣人，台灣人也常爲國家認同與個人身份感到迷惘，所以我們更必須仔細思考如何安排自己的位置。邊緣人沒有（對既有體制）死心塌地的資格，自然也不該 all in 在法定貨幣。

■自序──我不投資

說來弔詭，寫這本書的主因，是我不想持續寫這個題材。而認真思考投資，也是因為我不想投資。

當初寫〈所謂「我不投資」，就是 all in 在法定貨幣〉一文，與其說是要帶出甚麼道理，還不如說是自省，因為文中那個以為自己從不投資的人，正是以前的我。

文章發表後，有一位年輕人回應，對內容不以為然，堅稱自己從不投資。我也認真回應了他幾遍，但沒有告訴他，我那麼認真，除了因為本來就很重視讀者的反饋，更因為從他身上看到昔日的自己。不過，無論我怎樣進一步解釋，他始終不屑與投資這種行為扯上關係，總之就是認為我曲解了投資，冤枉了他。

如果本書有所謂目標讀者的話，大概就是這位年輕人、昔日的我，和所有認為自己從不投資，也不打算投資，堅持「腳踏實地」的人。反而本來就有投資意識的，很可能不會滿足於本書的皮毛，畢竟它既沒教短炒，沒提槓桿，又不主張衍生工具。

　　事實是，即使到了今天，當被稱為投資者，我還是會渾身不自在。明明目標做個 inventor，怎麼就被視為 investor 呢，這可是兩個不同層次的存在啊。發明家、創業者、創作者，或者至少是工匠、程序員，是做出新事物，為這個世界創造增值；但是投資者呢，左手來右手去，低買高賣，只是為自己的財富增值，對社會毫無貢獻——我不肯定以上有否說出那位年輕人的心聲，反正以往的我，這樣深信著。

　　然而，在努力創造的過程中，我漸漸意識到創造與投資並不對立，反而共生。俗語說「錢不是萬能，但沒有錢就萬萬不能」。要是沒有想達到的目標，錢沒有功用；但如果願景越清晰，就越需要有錢。創造很燒錢，想要創造，要不就好好投資，存夠錢去燒，要不就找到投資方，以別人的投資換取自己的專注創造，反正兩條路徑都跟投資脫不了關係。

　　不過，真正深刻體會到「沒有錢就萬萬不能」，是我在 2017 年共同發起 LikeCoin 之後的事。

　　那是一場意外。

　　LikeCoin 要做的是無大台出版（decentralized publishing，

DePub）。起步的時候，我天眞地以爲這項目跟金錢沒有關係。準確一點說，當時的我以爲金錢之於 LikeCoin，就是開發、營運、推廣的費用，僅此而已。做下去才發現，要成就這件事，不但開發和推廣所需的工作不少於初創公司，還需要防僞機制、流動性、正當性等各種元素，這些元素全都是金錢需要具備的條件。在這個語境下，我從 all in 法定貨幣的「不投資者」，逐漸理解金錢的本質，深刻體會「錢不是萬能，但沒有錢就萬萬不能」的另一層意義，再成爲了一名「投資者」。

時至今日，我依然投放最多的心力與時間在創造與創作，但也同時以性價比最高的投資方式，處理手上爲數不多的剩餘資產。很多人會說自己的餘裕不多，不值得去投資。實情時，餘裕越緊張，越需要妥善投資，也越適合使用密碼貨幣作爲投資媒介。

有了覺悟，除了寫作，我還在民間學院開辦「財務自由」班。看到課程的標題，有朋友說我變了，言下之意是我崩壞了，以往那個稍有理想的年輕人居然變得那麼銅臭，大談財務自由起來。

還眞教我啼笑皆非。啼者，我寫過那麼多文章，也曾透過受訪、講座等場合，分享對自由、多元的看法，對私隱、民權的保障，單是

看到半開玩笑半標題黨的題目就能誤會我的朋友，大概就讓他繼續誤會好了。笑者，我但願那是事實，自己真的學會了賺錢和享樂，那該多好。

於是，在連自己都覺得非常違和，彷如偽造學歷般，我居然教起「區塊鏈社會學・財務自由」來。課程設計分為八個單元，從上半場的「錢包」、「DeFi」、「交易」、「On ramp」，到下半場的「投資」、「身份」、「挖礦」和「多元」，也就是本書的承襲下來的八章。

課程先後開辦了兩次，第一次為現場講課和作業，到第二次改為學員自行收看預錄的講課，再進行工作坊，手把手教學。因著向所有人開放知識的理念，課程的所有錄影及延伸閱讀全部公開於我的網站，任何人只要能夠上網，隨時隨地都可參考。為了讓延伸閱讀變得完整，我持續圍繞八個單元寫文章，最後編輯成為本書。

可以說，《所謂「我不投資」，就是 all in 在法定貨幣》之所以出現，是因為我好想自己學會達到目標的過程中必備的能力，並把相關知識通通整理好，讓所有人都能接觸，也好讓我能放下這個議題，把時間和精力投放在目標本身。

本書共四十篇文章當中，兩篇於 2018 及 2020 年收錄於《明報——星期日生活》專欄 chungkin Express，二十五篇於 2020-2021 年收錄於《蘋果日報》專欄 #decentralizehk，並轉載於《立場新聞》。藉此機會，感謝《明報》、《蘋果》與《立場》，還有民間學院的的支持與包容，成就了本書。短短兩年間，這四個對社會如此重要的機構，三個已經停辦，讓我更希望儘快整理好財務自由的相關知識，在未來五年專注出版自由與民主自由的開拓。

再沒有編輯催稿，以往寫作毫不自律的我被迫自我鞭策，於每週五發放《區塊鏈社會學》週報，當中部分稿件補完了本書餘下的篇幅。週報至今共五十期，居然未曾脫期，對我來說是個奇蹟，希望能夠堅持下去。

本書的八章四十篇，全部附帶網址，除了留言討論，也方便讀者收集該文章的 NFT。這是我嘗試對文字這種最古早的創作，賦予最現代的演繹；一方面在文字式微的當下，開發全新的寫作經營模式，另方面把讀者的地位，從被動的接收者提升至主動的持份者，參與作品的策展、二創、傳承到典藏的整個過程。

但願《所謂「我不投資」，就是 all in 在法定貨幣》可以承先啟

後，繼往開來，完成財務自由的篇章，揭開出版自由的序幕。

——2022.06.04寫於台北

第一章	錢包

　　財務自由是許多人的目標。不過當前政經環境「黑天鵝」頻繁出現，異見人士、政府高官面臨經濟制裁，市井小民則躲不過美元量化寬鬆。財務自由需要被重新定義。從創建密碼貨幣錢包開始，學習「unlearn」。如果傳訊息給身處世界各地的朋友不過是彈指之間的事，資產傳遞也當如此。

財務自由是免於被剝奪資產的自由

打從《富爸爸窮爸爸》[01] 出版，財務自由的概念一直深入民心，追求者眾，更甚美女。就算沒有讀過這系列暢銷書，都知道書中所指的財務自由，是被動收入足以支撐日常生活開支，不需為錢工作。「夠錢退休」是也。

然而《富》寫得再好，畢竟是 1997 年的書，而且以美國為背景。到了今天，僅僅抓著「夠錢退休」這個概念，恐怕已經不足以一勞永逸。財務自由必須被重新定義，還要多包含兩個層面。

你管分子，我管分母

首先，所謂夠「錢」退休，指的自然是美元。然而，當你努力賺得自以為足夠退休的「錢」，徐徐老去，美元的購買力恐怕已經貶值到不知甚麼地步了。私人財產保障固然是資本主義和自由社會的基石，但即使連政府都不能侵吞你的美元，別忘了，你所受的保障只是分子而已，而政府和議會控制的卻是分母。這就像某些公司大股東大量增發

---

01)　　Wikipedia: Rich Dad Poor Dad

新股，小股東沒法購買，等於利益被沖淡，非常「屈機」[02]。

如果我跟你玩遊戲，你的目標是製造一個盡量大的數字，你可以任意說一個數字當分子，然後我會說一個數字當分母，小學生都知道贏不了。偏偏，這正是現代貨幣理論[03] 的基礎，而大部分成年人卻沒有意識到自己一生都被逼著玩這個遊戲。拜登剛推出的紓困案，印出 1.9 兆美元，就是最好的例子。數字太大沒概念？那是接近比特幣市值的兩倍。相比之下，比特幣真的稱得上是泡沫嗎？

因此，財務自由需要附帶第二重意義 ——「不被濫發鈔票的自由」。為甚麼比特幣兌美元不斷升值？事實是，美元兌比特幣不斷貶值。比特幣的所有持份者都知道而且能夠證明資產的總量，即「分母」。每約十分鐘增加 6.25 BTC，增速每四年減半，而最終不會超過 2,100萬 BTC，保障其不被濫發的自由。

終極的財務自由

量化寬鬆等於是以印鈔票的方式，變相從人民甚至全世界的口袋拿錢用，但這畢竟還是逐步發生的。很多時候，政權還會以更粗暴的

---

02) 從電玩遊戲衍伸的詞彙。指透過不公平的手段達到目的。

03) Wikipedia: Modern Monetary Theory

方式，肆意凍結公民資產。就以香港爲例，星火同盟 [04]、好鄰舍北區教會 [05]、黎智英 [06]、許智峯一家 [07] 等等，全部被凍結資產。類似例子衆多，不能盡錄。

以上所列的個案有一個共同點：還沒有一個被定罪。政權掌握未審先罰的好工具，連法庭令狀都不用，就能凍結公民所有資產，壓制反對聲音，顯然沒有不用的理由。更何況，國安法實施後，政府被賦予更大權力，輕鬆凍結更多人的更多資產，往後相似事件必定還會更多。

別誤會我以爲外國月亮比較圓。我很清楚，以經濟規模強制金融機構配合凍結眼中釘資產，美國才是大師兄。2010 年，美國政府發功，全面封殺 Wikileaks [08] 資產和資金來源，連瑞士的銀行 [09] 都配合找出說法凍結阿桑奇帳戶，美國的企業更不用說，Amazon 停止提供

---

04)　　《明報》：〈星火 7000 萬遭凍結 黃國桐：前線抗爭者頗為人心惶惶〉

05)　　《明報》：〈好鄰舍北區教會戶口被凍結　警指隱瞞 1800 萬捐款拘兩人　陳凱興夫婦被通緝〉

06)　　商業電台 881903：「黎智英被凍結 5 千萬資產 國安處續負責案件」

07)　　《明報》：〈許智峯：家人匯豐戶口全部解凍　個人戶口部分解凍〉

08)　　https://wikileaks.org/

09)　　Wikileaks: Swiss bank shuts Julian Assange's account

AWS 雲端服務 [10]，Paypal 凍結 Wikileaks 帳戶 [11]，Visa、Master 等也拒絕處理相關交易 [12]。

然而本身讀數學與物理的公民黑客阿桑奇又怎會束手就範？窮則變，Wikileaks 轉戰比特幣，其後在 Twitter 公開感謝美國政府封殺 [13]，造就 500 多倍的回報。慢著，致謝 Twitter 發布於 2017 年，當時比特幣兌 5,000 多美元，時至今日，Wikileaks 的回報是 5,000 多倍才對。面對國際級的全面財務封殺，Wikileaks 積極尋找答案；香港人，還要把自己困在本地銀行體系，任人宰割麼？

終極的財務自由，是免於被剝奪資產的自由。[14]

---

10)   Amazon: WikiLeaks

11)   Wired: PayPal Freezes WikiLeaks Account

12)   Forbes: Visa, MasterCard Move To Choke WikiLeaks

13)   https://twitter.com/DefendAssange/status/919247873648283653

14)   原文刊於《蘋果日報》專欄 #decentralizehk 2021.04.06

五分鐘開離地帳戶

當「財務自由」被狹義理解為「被動收入足以支撐生活」，市面上有千百種投資工具可以幫助我們達到目的。

然而當我們把「財務自由」的語境拉闊，將價值儲存工具納入考量，避免量化寬鬆的帶來的影響；以及考慮最終極也是最基本的，免於被剝奪資產的自由；那麼，密碼貨幣是世界公民追求財務自由的最佳選擇。

窮觀音為科普持續開庫

密碼貨幣種類繁多，有不同的特性，適合不同的應用場景。不同的密碼貨幣，往往也需要搭配不同的錢包軟件，就好像基本的銀行帳戶，只能存當地法定貨幣；而就算是多貨幣帳戶，也只能存美元、歐元、日圓等普遍的貨幣，儘管世上兩百多國家幾乎都有對應的法定貨幣。

近年公認最為廣泛使用的密碼貨幣和區塊鏈是以太坊（Ethereum），因此我以往科普推廣，都會介紹它的錢包，如有小狐

狸之稱的 Metamask[15]，以及功能比較少但適合新手的 Argent[16]。

單單開了錢包而沒有幣，就好像拿著沒有錢的交通卡，甚麼都做不了，因此我還會「窮觀音開庫」，主動送上小量密碼貨幣。最近一次是春節時發了 8 或 88 LIKE 的紅包，不多，我能負擔；2020 年是 1 USDC（美元穩定幣），用港府派給市民的錢補貼，還算應付得來；2019 年是 0.05 ETH，當時只是一點點，但到了現在，儘管是熊市，也值 100 美元了。窮觀音如果不要亂派錢，大概就不會那麼窮了。

派幣除了因為有幣才能花，更因為在區塊鏈上的所有交易都需要「汽油費」（gas fee），用以支付記帳的礦工，畢竟大家不能用愛發電。目前以太坊尚未真正解決容量低和成本高的限制，在網絡暢通、幣價低迷的當下，轉帳一筆尚且需要 7 美元汽油費，在網絡擁堵、幣價高企的時候，汽油費甚至需要過百美元。這就是我在 2020 年後再沒法邊科普邊送 USDC 的原因。

不過，如前面所說，密碼貨幣有很多種。雖然以太坊最為廣泛使用，作為新手學習，我更推薦使用 Cosmos 生態，一來是原理大體相

---

15) https://metamask.io/
16) https://www.argent.xyz/

同，學到的不會浪費，而且它有些很好的設計；二來 Cosmos 生態上汽油費便宜，我在上面的幣也比較充裕，勉強負擔得起迎賓，為每個新開錢包的讀者送點幣。

密碼貨幣錢包其實是鑰匙圈

「錢包」是區塊鏈領域中引起最多誤會的術語之一。這個類比其實不太準確，它對應更接近物理生活中的鑰匙圈，用來管理私鑰（private key），而持有私鑰就能動用你的資產。

事實是，你的密碼貨幣，從來都不是「存在你的錢包」，那只是一個說法而已。資產本身沒有物理型態，你的帳號裡頭有多少資產，是記錄在帳木裡；能證明你的身份，就能動用相應的資產。

在我們熟悉的傳統金融生態，這就是銀行帳戶。銀行的數據庫記錄著你的資產，使用政府發行的證件證明身份，你就能動用裡面的資產。

本地帳戶以外，有些人會選擇把部分資產存在離岸帳戶。原因有很多，比如當地銀行的條件比較優惠，服務比較好，或者當地的法律體制比較完善，存戶有信心。總之這是個人選擇的權利，不必馬上聯

想到作姦犯科。況且，眞的要洗錢，最好用的工具，顯然是沒有紀錄的現金。

比離岸帳戶走得更遠的是「離地帳戶」。前者不怕被身處國家的政府隨便封鎖，後者更進一步，技術上不能被地表上任何政府封鎖。箇中原理，牽涉密碼學、博弈理論、資訊科技等方方面面，解釋起來就是一本書。我建議先使用，日後再研究。正如你上網多年，不見得熟悉 4G、TCP/IP、SMTP 等互聯網背後的技術；至少，我未見過學懂互聯網原理才開始上網的人。

而所謂「離地帳戶」，其實就是密碼貨幣帳號，相應的資產紀錄，就是區塊鏈這份公開帳本。近年來申辦香港本地銀行帳戶都越來越麻煩，尤以公司帳戶爲甚；離岸帳戶就更複雜，五日能搞定的話算光速了，倒楣的話五個月都未必能搞定。相對而言，開立離地帳戶，五分鐘足矣，網絡暢通、快手的話，也許還不到三分鐘。

除了效率更高，更重要的是，創建離地帳戶不需要任何人批准，也不需要提供任何身份證明及個人資料，也因此我沒有用「申辦」一詞。你唯一需要的是一台可上網的電腦。

　　坊間普遍認爲區塊鏈和密碼貨幣的門檻很高，對此，我不打算申冤平反，它很多地方的確違反一般用戶的直覺。不過，這裡所謂的門檻是指使用方法需要適應、學習，或反過來，unlearn。但只要願意，普通人就能懂。不要忘了，傳統銀行帳戶，尤其是離岸帳戶的門檻，並不是肯學就能跨過的。

　　反過來說，如果認爲傳統銀行服務門檻低，一定程度上是同溫層的定見。我們生活在金融服務發達地區，幾乎沒法想像有人會開不了銀行帳戶，然而，這地球有超過 10 億人口，根本沒法開銀行帳戶，遑論進階的銀行服務[17]。試從他們的角度想像，如果你一生都沒有銀行帳戶，忽然間這世界有了區塊鏈，讓你五分鐘之內就擁有「離地帳戶」，會是甚麼感覺。而且，對於未曾使用過銀行服務的人來說，密碼貨幣的某些用法，也就不一定會違反直覺。密碼貨幣的用戶體驗絕對需要產業去努力改善，但門檻的高與低，也很視乎觀點與角度。

　　讀萬卷書不如直接上路，不要只讀不做，馬上按著「習學工作坊」[18]，開立你的「離地帳戶」，收取你的第一筆密碼貨幣吧。[19]

---

17)　The Global Findex database 2017
18)　習學工作坊 #1：5 分鐘開立「離地戶口」：https://ckxpress.com/workshop-1/
19)　原文刊於《蘋果日報》專欄 #decentralizehk 2020.07.07，為專欄的第一期。因應技術更替，砍掉重寫，只保留標題與小量內容。

不是區塊鏈「虛擬」貨幣，而是貨幣「實擬」價值

拜託，不要嘲笑香港政府派 4,000 港元抗疫援助金的方式很笨，因為我更笨，整週在人手一個一個派 1 USDC，不但稿費派光了，連政府的援助金都花光。錢沒了不用說，還累得要命，但也很高興，世界從此多了一批離地帳戶的種子用戶。

這些種子用戶，不知有多少願意應我的請求，嘗試說服身邊的人開設離地帳戶，又會遇到甚麼阻力和質疑。以我的經驗，其中最常見的回應是，「錢要一張一張才實在」、「我不用『這些東西』的」。

作為產品設計者，我總是盡量同情理解大眾的使用習慣，能體會拿著一張張紙比較實在，但往往當對方其實也使用交通卡、信用卡，就會讓我深思，所謂「這些東西」，到底指是甚麼東西；又為甚麼說自己不用時，會語帶自豪。

金錢是「實擬」價值

很多人，還有我們的政府，把密碼貨幣稱為虛擬貨幣，但我不會。所謂虛擬貨幣包含太廣，幾乎每個遊戲都有一種、甚至多種虛擬貨

幣，還有任何電子貨幣，似乎都被包含在內。但更重要的是，虛擬貨幣這說法誤導。

虛擬指的是數位模擬真實。比如用電腦 3D 建模，模擬一朵花，我們可以說那是虛擬花。但密碼貨幣並非模擬實體紙幣、硬幣。價值本來就無形，是紙幣在「實擬」價值，人類發明了錢，以結繩、貝殼、金銀，以至近代的紙幣等形式去代表價值，原因正是能拿在手裡感覺比較實在。密碼貨幣不是在模擬紙幣，而是以數位方式，承載、記錄和交換本來就無形的價值。釐清這種誤解，希望能減少「不用這些東西」，以為自己比較實在的想法。

至於願意嘗試新事物的人，在創建密碼貨幣錢包後，往往會問另一個問題：「我的錢到底在哪裡」。他腦中的圖像顯然是一張一張紙幣，到底在口袋，到了銀行，還是運到哪裡去。但明白了以上道理就該知道，沒有在哪裡，因為「在哪裡」只適用於物理存在，價值本來就沒有實體。

梁錦松說過，「你賺的錢不是你的，你花的錢才是你的」。不管你是否喜歡這個知恥而引咎辭職香港前財政司，這句話講得非常對，你能花的話，錢就是你的。無大台的區塊鏈記錄了誰有多少錢，透過密

碼貨幣錢包管理的私鑰，你能動用這些錢，就是如此簡單。問「我的錢到底在哪裡」，跟問飛行里數在哪差不多，你能動用里數兌換機票就可，沒必要有一張一張的飛行里數券放在口袋。跟錢的分別只是，飛行里數券從來沒有存在過，所以你不覺得不自然而已。

數位照片很虛嗎？

如果看到這裡你還是感覺不自然、不實在，且讓我繼續舉例。

就在不到二十年前，跟朋友的飯聚，總是會交換之前聚會的照片，當然我說的是實體照片。試想像沖印照片幾十年的 Alice 說不用數位照片「這些東西」，照片要一張一張才實在，非得讓你把照片曬出來給她；或者當你用手機傳照片給她後，Alice 問你照片「到底在哪裡」。至於十幾歲的 Bob，根本不知道沖印是甚麼回事，對他來說，照片從來就沒有實體，只不過有需要時，可以打印一張出來。

有個被寵慣的無知小屁孩以為西瓜就是一顆一顆的小正方體，這是常被拿來取笑的真人真事。如果想用一句話得罪百萬人，我會說，以為錢就是一張一張，其實差不多也是這麼回事。

得罪了，我賠個不是。 請不要再被現實規限思想，開立離地帳

戶，體會演繹價值的更多可能性。[20]

20)　原文刊於《蘋果日報》專欄　#decentralizehk　2020.07.14

send 錢就是 send 相，都只是 send 數據

我把開立錢包類比爲「五分鐘開離地帳戶」，有人覺得誇張，畢竟那不過是下載個軟件，開個帳號而已。這其實是太簡便所引起的錯覺，如果過程像開離岸帳戶，需要填寫大量資料、提供各種文件、等上一兩個月，甚至要親身飛一趟，或許就會覺得比較厲害了。

解款車 [21] 就是古代的龍門鏢局

開玩笑的。公平點說，表面看來，轉帳給身邊的人，用密碼貨幣錢包的確跟 Payme、LINE pay、Apple Pay 等沒甚麼區別，甚至速度還慢了一點。但是，兩者的底層運作非常不一樣。時下流行的各種電子支付，底層使用的是傳統貨幣，是在老舊的貨幣和銀行體系上搭一層數位記帳系統和簡便介面。而密碼貨幣錢包加區塊鏈這種方案，卻是從根本地使用數位的密碼貨幣，在轉帳的同時徹底結算，不需中心，也不存在第三方。

舉個誇張但眞實的類比。Alice 以 Payme 向 Bob 支付港元，就像

---

21) 運鈔車。

Alice 給 Bob 發訊息時，不直接在 WhatsApp 輸入內容，而是以紙筆先寫下內容，然後拍照，再發送照片。你會問為甚麼要這麼笨！？實情是，當下的電子支付正是這麼笨。雖然支付工具的轉帳瞬間完成，但由於牽涉實體貨幣，底層的金錢流動，最終還是需要物理處理。既是實物的流動，當然牽涉物流，現代的解款車其實就是古代的龍門鏢局，千百年來貨幣體系沒進步多少。

當然，大部分時候，銀行和銀行之間對帳就可以，不至於笨得把貨幣運來運去。這好像是 Alice、Bob、Carol 和 Dave 打麻將，Alice 自摸爆棚位位 64，大家可以在紙上寫下 Bob -64、Carol -64、Dave -64，Alice +192，到了四圈牌打完，才真正按最終戰果結算。這種記帳方法較為方便，但一則四人之間要有一定信任基礎，比如在「竹館」打麻將就得每局立馬支付；二則，記帳只是減少實際支付的頻率，每隔一段時間還是需要清還，並沒有真正解決問題。

密碼貨幣是以 bits 記錄的資產

繼續剛才舉的例子，Alice 在 WhatsApp 發訊息，如果是打字，訊息不到一秒就送到給 Bob 了；但實體貨幣的麻煩之處，就像以紙筆寫下內容拍照發過去，訊息雖然也是很快到達，背後還要找方法把寫了內容的張紙運到 Bob 手上。訊息沒有這個必要，因為一般都不

介意複製，Alice 和 Bob 可以同時「持有」同一訊息；但資產不行，系統必須確保同一時間只由一個人持有。以實體為憑證，產生一系列物流的麻煩，是為了避免資產「雙花」，不是紅棍的雙花，而是 double spending，即兩個人同時持有一筆資產。

密碼貨幣背後的區塊鏈技術很複雜，這裡不會多講。但其上層的邏輯很簡單，不外乎是使用密碼學，以數位帳本記錄好每個錢包的資產，避免雙花的同時，讓資產變成數據，從此再也沒有實體所帶來的麻煩。

廿多年前有了互聯網，文字變成 bits；十多年前有了智能手機，照片也變成 bits；現在有了區塊鏈，連資產也變成 bits。大家都是 bits，不用分太細，發訊息和發照片有多簡單，轉帳就有多簡單，沒有兩樣。這一代人不理解寫信、寄信（會以為在說電郵，但還是覺得步驟太多），也不曾經歷沖印、分發照片的麻煩；下一代人，即將不能理解海外匯款、SWIFT 是甚麼回事。[22]

---

22)　原文刊於《蘋果日報》專欄 #decentralizehk 2020.07.21

離開託管的舒適圈，自行保管密碼貨幣

都怪我人微言輕，半年前已經大聲疾呼，呼籲開立「離地帳戶」保護個人資產，可惜沒能稟告特首，搞得特首被美帝制裁，薪水只能領一疊疊現金，有辱國體。

常有人說只要不做壞事就不會有事，不用保障自己的資產。那是「眞心膠」。邏輯跟沒有話說所以不需爭取言論自由、沒有秘密所以不用注意私隱一樣。事實上誰都有話，只是說的正好沒有觸動極權神經；誰都有私隱，只是被巨企、政府、AI 用了也不知。

至於所謂壞事，也是有語境的。公義是一回事，法律、政治角力又是另一回事──有些政府極度蠻不講理。其實，各家銀行不做特首生意已是非常厚道。有人畢生積蓄遭到凍結，連帶家人的積蓄也一併被封鎖，更是苦不堪言。

從離岸到離地

重溫一下。離岸帳戶每人都懂，就是在自己生活的國土外開立銀行帳戶。由於銀行不是跟本地政府註冊，不用向本地政府負責，對於

在威權下生活的人相對有保障。但也只是相對而已，霸道的政府總會嘗試把魔爪延伸到世界各地。

「離地帳戶」才是對個人財產的更佳保障。從離岸到離地，代表不視地表上任何政府爲大台，改爲無大台地以密碼學、博弈理論、共識協議等作爲保障，也就是密碼貨幣和背後的技術，「學名」區塊鏈。

密碼學、博弈理論、共識協議，是火星話麼？是的，法定貨幣告訴你，「這張紙是 100 元，不用理爲甚麼它有價值、誰決定發行多少，反正一定要用它來交易」，也是很多人口中的「眞金白銀」。相較之下，學懂密碼貨幣和區塊鏈的確有點門檻。然而，保障個人資產是每個公民的通識課，數學不會也不懂得出賣你，2 + 2 永遠等於 4。終極的保障，並非替你保管財產的機構跟你同一陣線，而是它永遠沒有立場，只有數學邏輯。

託管密碼貨幣是半吊子離地

基於傳統體制沿用的習慣，也因爲傳統貨幣和密碼貨幣之間的兌換，很多人卽使踏入了密碼貨幣的世界，依然使用託管服務（custody），資產由第三方保管，只是他和你之間有某種協議，說明資產屬於你，他是保管者。白話說，就是銀行。

　　問題來了，上面談的就是避免銀行配合政府出賣自己，把密碼貨幣託管在第三方，豈不也有同樣風險？是的，託管密碼貨幣，是一隻腳踏進新世界，另一隻腳留在舊世界。但這並非毫無意義，比如說，只要交易所註冊在海外，至少是離岸。而這種離岸帳戶的門檻低申請快，不像傳統銀行的離岸帳戶，資金門檻高，分分鐘還要求當面申請，加上疫情因素，申請難若登天。

　　但始終還是建議大家離開舒適圈，學會自己保管密碼貨幣資產，self custody。所謂 not your key, not your coins，唯有掌握在自己手上，才算眞正擁有。[23]

---

23)　　原文刊於《蘋果日報》專欄 #decentralizehk 2020.12.15

第二章	DeFi

　　香港、台灣虛擬銀行陸續成立，傳統銀行感到競爭壓力。但虛擬銀行畢竟還是體制內的銀行，而 DeFi 則完全跳脫傳統金融體制，開啟全新可能。這或許讓傳統金融菁英和機構難以接受，但是在多數的情況下，無大台金融比傳統金融透明、有保障，因為智慧合約只按邏輯行事，沒有立場。

談到金錢，每個人都是建制派

　　以前有個「一句話惹毛 XXX」的遊戲，發想如何用一句話就惹毛上司、惹毛女友等等。如果要我說一句話惹毛所有朋友，那會是，「談到金錢，每個人都是建制派」。

我們都是建制派

　　我不是要找架吵，也不是想被所有人絕交，但我說的，是事實。

　　建制派，pro-establishment，顧名思義，就是傾向、支持、信賴現有體制。在金錢的語境，現有體制就是法定貨幣——法律規定的貨幣，以至圍繞它的金融體系。

　　如果你的資產絕大部分是法定貨幣或其衍生產品，那麼，你是建制派：你的閒置資產以體制指定的型態存放。

　　如果你認爲錢放在銀行最有保障，那麼，你是建制派：銀行得到你一兩百元存款就能貸出一千元，不到一半存戶提款就會擠提。你覺得銀行穩健，全因銀行有體制撐腰。

　　如果你問過「怎樣把 XXX coin 變成眞錢」，那麼，你是建制派：你口中的「眞錢」指的是法定貨幣，你心裡否定 XXX coin 也可以是「眞錢」。

　　一直說別人，我自己不也一樣麼？對，旣說每個人都是，金錢方面我當然也是建制派，我吃飯坐車支付的都還是法定貨幣，在社會能夠無大台地形成共識，以無大台發行的通證（token）解決衣食住行之前，我只能繼續活在建制之內。

切忌成為「貨幣藍絲」

　　不同的人，親建制有程度的不同。最極端的會認爲體制的一切都沒有斟酌的空間，都是對的，都是好的，萬一是惡，就一定是「必要之惡」。

　　社會運動活躍期間，民間對體制以外的可能性有很多想像，輕則相信任何人也能指揮交通，非值班當中的醫護人員也能急救，重則覺得由平民維持治安更能伸張正義，選擇私了。再後來，當體制動不動就凍結公民資產、還柙一年半載再說，法官嘉許砍人兇徒情操高尚 [24]，甚至讓一部分人認爲法庭本身也該被取締。諷刺的是，卽使

---

24)　　維基百科：將軍澳連儂隧道斬人案

是反建制到這個程度的人，往往都對無大台密碼貨幣這種「建制外資產」十分保留，甚至全盤否定。

　　由此觀之，金錢和貨幣政策可算是體制金字塔的最底層，比紀律部隊甚至法律體系還要更基礎。控制了預算就能透過加薪換取紀律部隊支持，但控制了紀律部隊卻不能影響貨幣政策。十八世紀 Mayer Amschel Rothschild 的名言，精闢地刻畫了這種層級關係：

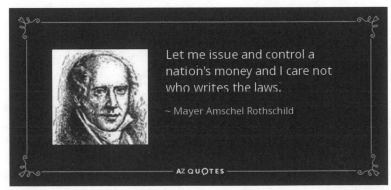

source: AZ Quotes

　　不需要芝加哥大學畢業，不用想得太宏觀，只要看看 5,000 港元消費券引起多少關注，讓多少自稱「電腦白痴」學會 reCAPTCHA[25]，

25)　　Yahoo News:〈「我不是機械人」驗證圖片考起網民 30 次失敗放大鏡用埋　背後竟為 Google 免費打工〉

帶動多少人使用比區塊鏈錢包還難用的 Tap & Go[26]，就能體會以上名言。

作為現代人，無論是收取勞動回報，換取商品和服務，還是儲存閒置資產，我們總免不了使用法定貨幣，當個「建制派」。親建制可恥麼？當然不，但可恥的是以體制之名打壓創新，窒礙進步；可恥的是以維持社會秩序為名，維護既得利益為實。

作為群體動物，我們避免不了活在建制之中，然而我們斷不能做「貨幣藍絲」，對法定貨幣以外的可能性嗤之以鼻，缺乏認知就當成騙局。相反，至少該以開放態度多聽多看，更理想是多作嘗試，開個錢包，哪怕只投入萬分之一、毫不影響生活的資產，理解也能突飛猛進，有如通了鼻塞。

體制是動態而持續演化的，且不說金錢載體幾萬年來的更新史，單是近在咫尺的 1993 年之前，網購都是違法的[27]。假如體制、法律不去適應時代，現在連互聯網都不會存在。不，應該說，女性還在紮

---

26) 「拍住賞 Tap & Go」是香港電訊旗下的電子錢包；2021 年 6 月 8 日，香港政府公布香港消費券計劃，選定了包括 Tap & Go 在內的四個支付工具，讓市民分期領取 5,000 元消費券。其後，有網民在 Facebook 成立「用唔到（無法使用）Tap & Go 消費券消費關注組」。

27) chungkin Express：〈無大台出版：比起技術，慣性才是最大難題〉

腳，窮人還在當奴隸，政府還在焚書坑儒——嗯，我知道你在想甚麼，

我也一樣。[28]

28)　原文刊於《區塊鏈社會學》週報第 7 期，2021.08.13

HiFi 與 WiFi 之後，改變世界的將是 DeFi

比特幣和伴隨而來的區塊鏈面世十年多，對普羅大眾來說神神祕祕，好像很厲害，又好像跟自己沒甚麼關係。業界基於市場分析、技術能力、個人興趣，開發出各種項目。市場一直在等待所謂的殺手鐧應用出現。最近賽果越來越明確，落後者連前方的車尾燈都見不著，遙遙領前的不是別的，正是錢，「離地貨幣」。

馬後炮總是容易，大家都知道「阿媽係女人」[29]，每個人都要用錢，當然是殺手鐧應用啦。正如每個人都要購物、要通訊，亞馬遜和蘋果當然很成功。不懂的人才會這樣說。現實是，一將功成萬骨枯，經營團隊花了極大努力，克服技術、法規、推廣等五關六將，才做出現在的成績，區塊鏈也才有今天的規模。

越沒中心越有保障

Bitcoin，以 bits 實現的 coin 也。比特幣出現之初，開宗明義定位為錢，走到今天，認為它會灰飛煙滅的說法，即使出於股神巴菲特口

---

29)　　「媽媽是女人。」

中都軟弱無力。不過，整個生態越來越有共識，比特幣更適合用來對應主要用作儲備的黃金，而不是主要用作交易的通貨。越來越多傳統企業佈局比特幣，比如上週 MicroStrategy 宣布購入 21,454 比特幣，時值約 2.5 億美元，充分反映企業對美元等傳統貨幣的悲觀。

所以，最近讓離地貨幣發揚光大的不只是比特幣，而更多是 DeFi，Decentralized Finance，無大台金融，即不以金融機構爲中心的各種借貸、基金等服務。沒有金融機構作爲莊家與託管，怎樣保障借貸、買賣雙方？在離地國度事情往往相反：越是沒有金融機構作大台，越不用擔心大台出問題，對雙方越有保障。看到這裡，傳統的金融菁英大概露出成龍搔頭的貼圖表情，越是菁英，越難接受。

DeFi 服務發展十分迅速，每天出現新應用，坦白說我也沒法、也沒打算一一跟上，這裡先介紹一個基礎的 Compound[30] 爲例。常識告訴我們——雖然常識正被推翻——錢放在銀行會產生利息，而之所以有利息，是因爲銀行用這些錢放貸收取利息。不單放貸的利息永遠比存款利息高，銀行還能貸出遠比存款額高出多倍的金額，資本主義就是這麼神奇，無本生利。

---

30)　https://app.compound.finance/

Compound 的四大突破

DeFi 運作的 Compound 總體概念一樣，也是一方存款，一方貸款，以貸方付出的利息分配給存戶，但具體實現就非常反傳統：

一、**數據開放透明**。所有紀錄寫於「無大台連儂牆」，學名區塊鏈，讓任何人任何時候都能知道貸款池總量、貸款額、雙邊利息等所有數據。

二、**利息動態調整**。利息自動隨著貸款池使用比例調整，資金充裕時存款、貸款利息低；資金越緊張利息越高，吸引存款，降低貸款。

三、**貸款附帶抵押**。所有貸款人均需押下美元價格遠超貸款額的資產，當資產價格下跌到一定水平，系統自動變賣抵押，因此不存在交易對手風險。

四、**每 15 秒派息，放回本金**。以上三點或許只能引起金融業者反應，但這點定能讓一般用戶耳目一新。存款放在 Compound，每約 15 秒，也就是以太坊的區塊生成速度，不單馬上結算利息，還即時放回本金生息。傳統銀行推廣的複息大不了以月為單位，Compound 一下子縮短到 15 秒，而且還是活期，24/7 隨時提款。如果本金夠大，

打開應用的介面，甚至會看到存款每 15 秒跳動，不知都還以爲在打
遊戲。

而即使是 Compound 這樣革命性的服務，都只不過是 DeFi 入門
的皮毛而已。[31]

Supply Markets			
Asset	APY	Wallet	Collateral
Basic Attention ...	0.03%	0 BAT	
Dai	2.99%	0 DAI	
Ether	0.14%	0 ETH	
USD Coin	2.98%	0 USDC	
Tether	2.22%	0 USDT	
Wrapped BTC	0.28%	0 WBTC	
0x	2.01%	0 ZRX	

Borrow Markets			
Asset	APY	Wallet	Liquidity
Basic Attention ...	2.70%	0 BAT	$21.16M
Dai	4.01%	0 DAI	$214.66M
Ether	2.64%	0 ETH	$375.12M
USD Coin	6.87%	0 USDC	$96.48M
Tether	8.84%	0 USDT	$17.34M
Wrapped BTC	4.29%	0 WBTC	$10.68M
0x	12.68%	0 ZRX	$65.00M

source: Compound

31) 原文刊於《蘋果日報》專欄 #decentralizehk 2020.08.25

穩定幣＝美元的價值＋Bitcoin 的靈巧

執筆之時，比特幣剛剛升破 11,000 美元，有記者問我比特幣六月以來走勢強勁的原因。我不願到處得罪人，但更不想言不由衷，就告知我不評論短期幣價，並且認為所有類似的評論，不論對與錯，都是猜的。然而只要把時間線拉長，比特幣產出有限，而美元不斷貶值，比特幣升值只是每人都懂的基礎經濟學原理。

解款車是龍門鏢局，圖章是玉璽

之前介紹了五分鐘開離地帳戶，這次討論一下配合使用的「離地貨幣」，即密碼貨幣。所謂密碼，不是我們熟悉的 password，而是利用密碼學原理，以私鑰核實持有者身份，正如開支票需要簽名或蓋章，證明動用這筆錢的是資產持有者本人 [32]。

小時候就覺得以筆跡來證明身份很兒戲，明明自己每次簽名的筆跡都不一樣。小朋友都知道問題所在，務實的大人反而覺得理應如此。因為習慣了麻煩就不憧憬便捷，適應了威權就不渴望民主。人們

32）　《區塊鏈社會學：金錢、媒體與民主的再想像》：〈密碼學不是學密碼〉

忘了假冒簽名很簡單，當面簽名很麻煩。

其實以簽名的筆跡證明身份從來不是理所當然，只是過往沒有更好的辦法而已，偏偏，等到以密碼學私鑰「簽名」核實身份的方法出現後，卻還沒被機構和個人廣泛運用。

穩定有利有弊

比特幣沒有在生活上普及，除了因為理解和保管私鑰困難，另一主因是幣價浮動。不過要討論穩定與浮動之前，先要搞清兩點：

一、穩定不一定好，浮動不一定壞。穩定代表沒有增長、破局的空間，對於滿足於現狀的既得利益者是優點，對於尋求改善者卻是壞處。以資產價格來說，如果 Tesla 股票價格穩定，持有者肯定不高興。用作日常交易的貨幣，穩定是個基本條件；但對於價值儲存，穩定當然不及升值好。

二、穩定、浮動都是相對的，你總不能自己相對自己穩定。很多時說到某種資產價格是否穩定，不會指明相對甚麼。那是因為人們默認美元本位，有如說某物件動不動，是默認了地球本位。這是人類思想的盲點，也是美元霸權的厲害，全球追求價格穩定的人都得購入美

元，偏偏美國可以任意增發美元。

　　稍微扯遠了，先不談突破美元本位的可能。既然幣價浮動是密碼貨幣普及的絆腳石，那不如發行穩定幣解決。穩定對應的就是美元。代號 USDT 的 Tether 是第一款廣為接受的穩定幣，其他還有更規範的 USDC、更無大台的 DAI 等多種，方法有所不同，但目的都相若：做到跟美元 1 兌 1，運用密碼貨幣的技術，掛鈎美元的價值。

美元的價值＋ Bitcoin 的靈巧

　　有了密碼穩定幣，跨進新世界多一種選擇，少一個顧慮。接受美元本位的，把資產轉成穩定幣，就可享用密碼貨幣的優勢而無須承擔價格風險，這是我當初介紹開立離地帳戶時，送給每人 1 USDC 的原因。

　　不過這並不代表 USDC 比 DAI 或者比 BTC（比特幣）好，而是它最易理解，最易入手，牽涉的新概念最少。我絕對推薦已經上手的讀者嘗試 DAI，甚至價格浮動、長遠對沖美元貶值的 BTC。但為免引發選擇困難，我們不會討論太多，而會集中讓大眾移民無大台國度。

　　離地帳戶加上穩定幣，使用起來無異於匯豐帳戶、Payme 加上美元，還可享受全球一體轉帳之便。更重要的，是不受傳統銀行管制。被美資銀行關閉帳戶的行政會議成員[33]，不妨以離地帳戶離地貨幣對抗外國勢力掣肘，我雖然早就把稿費送光，還是很樂意送出 1 USDC 迎新，無大台國度，沒有「入閘機制」。[34]

33)　Financial Times: Foreign banks refuse accounts of senior Hong Kong officials

34)　原文刊於《蘋果日報》專欄 #decentralizehk 2020.08.04

虛銀不是 DeFi，卻是組隊抗衛傳統銀行的戰友

匯豐日前宣布將取消 26 項基本收費[35]，作為長年客戶，糖果我會吃，感恩則可免。

別怪我不懂金融業疾苦，再笨都知道，匯豐是受到相繼成立的虛擬銀行[36]壓力，為避免客戶流失，才迫不得已給出的小恩小惠。匯豐過往一直在賺大錢，早就有條件取消以上收費，偏要等到現在才想到要「回饋客戶」。況且，過往部分收費設計，根本就是在趕客。比如最低存款額。

拜託，銀行家們，沒有存戶想窮。幾個 bits 寫在數據庫，根本沒有成本。但匯豐擔心窮人到分行提款存款，浪費資源之餘又不買「奪命金」[37]，於是連存款都對小存戶收手續費。成日把以港為家掛在嘴邊的匯豐，在商言商，也是迫不得已，而政治表態，就更迫不得已了。既然如此，匯豐何不專注「大茶飯」[38]，要費勁挽留小存戶？

---

35) 《明報》：〈匯豐取消 26 項基本服務收費 理財戶口轉型 分析：應對虛銀挑戰〉
36) 可參考香港金融管理局：「虛擬銀行」頁面
37) 維基百科：奪命金
38) 指酒席、宴會的食物，引申為大買賣。

虛擬銀行是鯰魚

　　怨氣太盛，多寫了，回到正題。理論上，虛擬銀行跟傳統銀行的對壘完全不對等。那可不是網上銀行 vs 實體銀行，虛擬銀行沒法經營實體業務，而傳統銀行卻能提供網上服務，甚至有條件針對不同族群，推出不同品牌，正如多款帳戶、多款信用卡一樣。換言之，現在虛擬銀行的創新，傳統銀行全都可以做，一直不作為，純粹因為賺錢太容易，就像八達通[39]。直到虛擬銀行陸續出台，對這群懶惰的沙丁魚產生鯰魚效應[40]。

　　同樣在威脅傳統銀行的，還有早前介紹的 DeFi，無大台金融。雖然同為「反傳統」，嘗試「banking without the banks」，但虛擬銀行跟 DeFi 並非同一回事，虛擬銀行依然是按著體制的遊戲規則走，比如香港政府批出的八張牌照，大部分為中資[41]；台灣批出三張，由 LINE、樂天與中華電信為首的將來銀行拿下[42]。DeFi 卻超越體制，不向任何國家政府註冊。

　　說白了，虛擬銀行就是銀行，只是不用也不能設實體服務，沒有

---

39)　　八達通為香港交通票卡，也有小額支付功能。如台灣的悠遊卡。
40)　　「經理人」：〈什麼是「鯰魚效應」？一條鯰魚，喚起其他成員的危機意識〉
41)　　《香港經濟日報》：〈 8 間虛擬銀行背景你知道多少？〉
42)　　「數位時代」：〈推翻 3 搶 2 ！純網銀釋照，將來銀行、LINE、樂天三家都上榜〉

老本也沒有包袱，相對願意創新，股東背景一般比較懂互聯網、科技和數據而已；而 DeFi 卻是第一章介紹的「離地帳戶」，體制會「唱衰」它，指它不受監管，沒有保障。這都是客觀事實，但那也同時代表它不受任何政府的掣肘，不買任何國家的帳，包括瑞士。在 DeFi 的世界，保障用戶的是久攻不破的密碼學，是基本邏輯、博弈理論，是「Don't trust. Verify.」的精神。

虛銀與 DeFi 兄弟爬山

如果硬要找個類比，虛擬銀行就像在立法會內抗爭的議員，跟強權對著幹，但往往只能小打小鬧，總體還是得按著威權訂下的遊戲規則玩。DeFi 卻是街頭巷尾、本地國際、實體數位的流水式抗爭，徹底無視龍門任搬的遊戲規則，本身無路可循，但求從沒路到把路走出來。虛擬銀行跟 DeFi，議會反對黨跟流水式抗爭，道不同，可相為謀，至少可以尊重彼此的存在意義，兄弟爬山，各有各做。

我們身處的遊戲世界，終極大 boss 的血條長得超出畫面，還有無限產血，甚至隨時修改遊戲規則的技能。各位不堪大 boss 一擊的玩家，要是取態不同，大可不必勉強組隊聯手，各找位置你砍一刀，我踢一腳，也無不可。有朝一日要是大 boss 倒下，無論最後一擊由誰輸出，都是所有玩家的功勞。

　　但在那日到來之前，無論你扮演的是哪種玩家，都請見字飲水，持續修煉，最重要是跟大 boss 鬥長命，不要死。[43]

source：《蘋果日報》許頌明攝

財富自由主義：金錢的多元宇宙

不會輸的六合彩居然不是騙案

我不懂說笑話，甚至不苟言笑到一極點，同事說我面癱。但有那麼一次，約一年前，我午飯時跟會計小姐說了幾句話，讓她狂笑不止，人仰馬翻。我說的是，「嗨，介紹你用 1 元買 PoolTogether，就是不會輸的六合彩，1 元我幫你出，你載個 wallet 就可以。」

幸好我已不是心靈脆弱的小孩，否則正正經經向人推介好康新產品，卻好心遭雷劈，被嘲諷為連大媽都騙的寶藥黨 [44]，不當場哭出來才怪。

不過即使不致心碎，類似的誤會也讓我很少在日常生活跟人討論密碼貨幣與區塊鏈。比如拜年時有人問你「比特幣漲成這樣，你覺得它真的值好幾萬美金嗎？」如果以為對方真的準備聽你大發偉論解釋甚麼是無大台、不可竄改，跟你辯論何謂價值何謂價格又何謂「真錢」，我只能說，少年你太年輕了，那只是隨口一問，打開話題而已。營營役役的城市生活，才沒有人會在短促的聚會聽你長篇大論，認真你便

---

44)　　類似台灣稱「金光黨」、「賣藥的」。

輸了。

每人掏點錢放貸收息作彩池

　　盡量扼要寫出來，是剩下來我還能做的事。PoolTogether[45] 是「不會輸的六合彩」，此事屬實，而且原理非常簡單：每人掏點錢出來買彩票，把這些錢「pool together」放貸收息，每週開彩一次，幸運兒全取所有利息，本金分毫不動。抽不中的取回也可以，繼續抽下一期也可以。

　　你或許會說「既然這麼簡單怎麼現在才有？一定有古怪。」確實說對了，這個「古怪」，正是區塊鏈。試想像，PoolTogether 的簡單概念以傳統方式實行會怎樣？當然是莊家收到一大筆錢後，偷掉整個彩池一走了之。但以區塊鏈實現，莊家負責的只是寫智能合約，開放代碼，讓第三方審核，運作數據透明，彩池不經人手，完美解決挾款私逃的問題。

　　傳統的公司尾牙流行一個遊戲，參加者每人投入 100 元，然後抽獎，贏者全取。玩法雖然跟 PoolTogether 類似，但參加者十賭九輸，

---

45)　https://pooltogether.com/

因爲彩池就是本金。即使放在銀行以利息作獎金，一週的利息也是少得可憐，沒可能吸引投注。PoolTogether 能成功是因爲利息夠高，比如美元穩定幣年利率往往超過 10 厘，是傳統存款利率 100 倍。

古怪源於創新

利息太高有古怪？作怪的又是區塊鏈，它成就了無大台金融 DeFi。然而「作怪」並不等於鋌而走險，更絕非作姦犯科，而純粹是善用技術，提高資金的流動性與利用率。傳統上，錢握在手上或放在錢包，沒利用好，自然不生利息。密碼貨幣不但數位化還去中心，借貸簡便，不經人手，整個生態因此活躍得多。10 厘利率太高？重點是根據 DeFi 智能合約的邏輯，給得出 10 厘利率，必然是因爲貸方願意給更高的息率。貸款批核太寬鬆？智能合約決定貸出款項，前提是貸方先抵押價格遠比貸款額高的資產。

「無中生有」當然有可能是騙案，但也可能創造價值，就好像在荒地種菜，就是善用本來閒置的資源，「無中生有」地產生出價值。

說起種子植樹，有個故事很極端。《蘋果日報》專欄 #decentralizehk 第一期時我給幾百人各送了 1 USDC 種子，今早一位

電報谷友 [46] 分享，他用我送的 1 USDC 試這試那，因為符合 Uniswap 和 PoolTogether 早期用戶的資格，拿到 400 UNI 幣和剛剛空投的 20 POOL 幣；執筆之時，兩者合計市值超過 13,000 美元 [47]。

至於空投所謂何事，UNI 和 POOL 又何以「無中生有」值錢，留待第七章〈空投〉再聊。[48]

source: PoolTogether

46) Group 的諧音，指群組裡的朋友。

47) 谷友讀到文章後回覆，他在 UNI 大概 USD4 時已經賣出。另外，他也提醒領這些幣需要付汽油費，現在以太坊堵塞，汽油費成本不低。

48) 原文刊於《蘋果日報》專欄 #decentralizehk 2021.02.23

| 第三章 | 交易 |

　　古代以物易物缺點顯而易見，貨物保存不易、單位難以衡量，更受地理所限，交易規模無法擴大。聰明的人類發展出了貨幣，再隨著民族國家的確立發展成法定貨幣，儘管歷經多次金融動盪，仍被視爲最佳解。當今的美元本位，人們如果不是沒有意識到，就是不得不屈服，除非——試著用密碼貨幣「swap」另一款密碼貨幣、服務或價值，體驗高效版以物易物。

金錢字典：貨幣、黃金、法幣、通貨、比特幣

- **金錢（名詞）**

  帶有計價單位、交易媒介、價值儲存三種基本功能。

  計價單位指每個人都用它衡量價值，不論是食物、貨物還是服務的定價。交易媒介指相對於以物易物的模式中 A 的物主和 B 的物主必須情投意合，所有人以 Z 作為中介，所有東西先換成 Z，再以 Z 換取想要的 B、C、D、E；而 Z 就成為了「金錢」，從此「沒有錢萬萬不能」。價值儲存指產生了一份價值但暫時不需要用，把價值先以載體存放。原始的方式比如漁民把漁獲醃鹹，方便儲存價值，但顯然鹹魚並非理想的價值儲存工具。金屬不會腐壞，於是不同的文化都發展出使用金屬用作價值存儲。

- **貨幣**

  原意是以帶有「內在價值」的「貨」用作「幣」。

  比如咖啡豆可供飲用，卽帶有內在價值；方便存放不易變壞，適合價值儲存；單位很小，適合用作計價單位和交易媒介。三種因素加起來，可用作「貨」幣。內在價值的重要性在於，要是咖啡豆換取不到

其他物品，至少可以拿來喝。

來到現代的已發展國家，一般人心目中的貨幣，已成為金錢的同義詞。

- **黃金**
  化學元素表中排 79 的礦物，代號 Au。

咖啡豆可以用作貨幣，但因為缺乏稀有性，顯然並不理想。如果整個社會都用它作為貨幣，供應就會遠大於需求，也讓原有的內在價值失去意義。其次，如要處理大額交易，運送咖啡豆也會極之不便。

歷史發展下來，人類逐漸達成以稀有的黃金和其他貴金屬作為貨幣的共識，就如古裝片主角在衣袖拿出一錠金。雖然黃金也具有內在價值，但當黃金被廣泛用作價值儲存，內在價值有多大逐漸變得次要，人類共識才是關鍵。

- **法幣**
  法定貨幣，「法」律規定用作貨「幣」的物品。

黃金用作錢——「錢」字部首是金，不會沒發現吧——是民間自然而然、逐漸形成的共識；但法定貨幣則是政權的硬性規定，萬一政權倒台，相應的法定貨幣也會失去價值。俗語說「黃金愛亂世」，因為黃金的價值跨越時空，橫跨國界也超越政權更替。

我們說港元、日圓、台幣之類，偏偏會說美「金」，因為二次大戰後期的布雷頓森林會議確立了 35 美元兌 1 盎司黃金，金本位讓「美金」成為世界貨幣。

然而，1971 年尼克遜取消金本位，「美金」變成「美元」，美元背後再無稀有的黃金，純粹由美國的體制背書，通俗地說，信美元，就是信美國的國力與軍隊。

* **通貨**
在市面上流「通」的法定「貨」幣。

現代國家政府會嘗試透過把貨幣的流通量跟當地生產力掛鈎，使得貨幣相對日常用品的購買力穩定，造成「金錢是穩定的」感覺。

流通貨幣的增加超過生產力提升，就會造成通貨膨脹。手持通貨

「不投資」，資產就會貶值。膨脹的通貨，不會是理想的價值儲存工具，這是簡單不過的邏輯。

- **比特幣**

Bitcoin，最早出現的密碼貨幣，而密碼貨幣是以密碼學爲基礎發行的貨幣。

2009 年誕生的比特幣，除了出現得最早和最廣爲談論，其市值也是所有密碼貨幣中最高，當下約 1 萬億（1 trillion）美元，超越世上多數法定貨幣，是黃金的十分一左右。

相對於黃金的價值在人類悠長歷史中逐漸奠定，法定貨幣的價值由各國政權背書，比特幣的稀有性由數學背書，共識由下而上產生，但形成的速度比黃金快百倍甚至千倍。

- **金錢（形容詞）**

描述某種資產帶有多強的計價單位、交易媒介、價值儲存的性質。

不同的資產有著不同程度的金錢性，有些資產「很金錢」，但絕對

金錢就像數學的「無限」，是個現實中不存在的概念。我們都知道無限的意思，但無論你以甚麼數字代表它，我都能舉出一個更大的數字，因此在應用上，我們只能使用足夠大的數字代表無限，以滿足特定應用場景。金錢也一樣，世上不存在一種資產能完美滿足金錢的三大功能，我們只能使用金錢性足夠高的概念來代表金錢，以滿足特定應用場景。

　　美元是全球最通用的計價單位和交易媒介，卻是個「漏水」的價值儲存工具。黃金是很優秀的價值儲存工具，但也因此對應美元長線升值，於是不太適合用在日常生活的計價和交易。

　　至於比特幣，最宜理解為數位黃金，其金錢性主要發揮於價值儲存。經常有人批評比特幣不適宜當作貨幣用於日常交易，是有的放矢，卻也是多餘的。[49]

---

49)　　原文刊於《蘋果日報》專欄 #decentralizehk 2021.05.04

流動性：讓資產 be water，my friend

密碼貨幣媒體經常提到「流動性」，但很少會解釋它。讀者則視流動性為常用詞，覺得不用深究都懂，但要自己去說清楚，又好像不知從何說起。

讓我嘗試用人話，聊聊「流動性」是甚麼，如何衡量，背後又有甚麼意義。

流動性是甚麼

雖然我們是從密碼貨幣的語境去談，但流動性的概念適用於任何商品。

先來玩個簡單的遊戲吧，相信三歲的香港小朋友都懂（說來挺可悲的）：下圖兩種房子，哪個流動性較高？

　　大家一看就知道是左邊。圖的右邊是香港的「村屋」，左邊是我老家沙田的經典大型屋苑，沙田第一城。村屋的間隔、坐向、景觀、保養狀況都有很大落差，每個樓盤都不一樣。買家要花很多工夫去發現、挑選，賣家要花很多時間才能找到合適買家。反過來，大型屋苑各方面都很標準，成交價又很透明，買賣雙方的撮合簡單快捷，甚至不用看房就可以成交。因此，大型屋苑的流動性高於村屋。

　　再來：二手 iPhone、二手 Android 手機，哪個的流動性高？當然是前者了。

　　有了以上兩個例子，概念就比較清晰了。所謂流動性，用人話說不外乎是：

　　想買的可以買到，想賣的能賣得出。

　　而當流動性足夠高，效果是：
　　很多人買，還是能買到，而且價格不會大幅上漲；

　　很多人賣，還是能賣出，而且價格不會大幅下跌。

密碼貨幣的流動性如何運作

大學時曾選修過基礎經濟學。內容已經忘掉 99%，唯一記得的是教授總是畫出兩條相交的直線，X 軸寫上 A，Y 軸寫上 B，解釋供求關係。笨笨的我，居然過了幾個月才知道，原來 A 是代表 Apple，B 是代表 Banana。

向教授致敬也致歉，我沿用例子，以 APPLE 和 BANANA 兩種密碼貨幣，極簡解釋無大台交易所（DEX，decentralized exchange）如何提供流動性。首先，我們要認識「流動性池」（liquidity pool），一般簡稱 LP。

蘋果香蕉流動性池 A/B LP，就是有人預先投入一定數量的 APPLE 和 BANANA，讓人可以隨時以 A 兌換（swap）B，或者以 B 兌換 A。比如 A/B LP 裡面放著 100 APPLE 和 100 BANANA，那麼 Alice 就可以付出 1 B 來換得接近 1 A，Bob 也可以付出 1 A 以換得接近 1 B。很簡單吧？

至於為甚麼我是說「接近」1 而不是整整 1，除了可能存在的手續費，更是因為當 Alice 付出 B 來換 A，代表市場上 A 的需求提高了，而 B 的供應增多了，基礎經濟學告訴我們，A 的價格會上漲，B 的價

格會下跌。

有了 A/B LP，流動性的最基本條件達到了：想買的可以買到，想賣的能賣出。當然，流動性是否足夠高，就是另一回事了。在 A/B LP 的規模只有 100 A + 100 B 的情況下，Carol 想要買 50 A，會造成 A 大幅升值，B 大幅降價；而 Dave 甚至完全沒法買到 200 B。這都是流動性不足的表現。懂了流動性的概念後，就會知道，如果 A/B LP 的規模是 10,000 A + 10,000 B，Carol 和 Bob 的問題可能都解決了。

因此，要衡量 A/B 兩種資產之間的流動性，可以看

1、A/B LP 的規模
2、A/B 的交易量，一般可看 1 天和 7 天

以 LIKE/OSMO 為例

讓我們脫離虛構的蘋果和香蕉，看看實際在發生的例子：LIKE 和 OSMO 之間的流動性。

大寫 LIKE 是 LikeCoin 的代碼，而 OSMO，則是無大台交易所 Osmosis 的平台幣。LIKE/OSMO LP，是兩者之間的流動性池，讓任

何人可以隨時在 OSMO 和 LIKE 兩種資產之間互換。

查看鏈上開放數據 [50]，LIKE/OSMO LP 美元規模爲 1,043,824，即池內有等值 521,912 美元的 LIKE 和等值 521,912 美元的 OSMO，過去 24 小時的交易量爲 32,119 美元，一週交易量爲 234,019 美元。簡言之，創作者化讚爲賞獲得 LIKE，想要兌換成 OSMO，隨時可以。

你說，你不是想兌換沒聽到過的 OSMO，而是要「眞錢」美元？透過 LIKE/OSMO 與 USDC/OSMO 兩個 LP 加起來，代表你可以 24/7 隨時把 LIKE 像轉機般經過中轉站 OSMO 兌換成美元穩定幣 USDC，而且交易所會自動幫你一步搞定，不用操作兩次。

流動性就是生命力

流動性的英文是 liquidity，形象化地讓人聯想到廣東話中金錢的俗稱：水。

資產跟資料都要流動才有意義。無法流動的資料，就像圖書館裡一本永遠沒有人借閱的書，即便富含知識，卻是死的，從沒有由作者

---

50)　　https://info.osmosis.zone/pool/553

傳達給讀者。資產也一樣，缺乏流動性就沒法有效運用。用廣東話來說，資產持有者是「生人霸死地」；台灣人則說「占著屎坑不拉屎」。持有者不好好利用，有能力利用好的人沒法得到，影響的不只是個人，而是整個社會、整個世界都沒法往前走。

　　回到以上 LIKE 的實際例子，要是缺乏流動性，LikeCoin 的持有者會擔心沒法客觀衡量市價，也沒有人願意收取 LIKE 來提供服務，生怕沒有出口，得物無所用。反過來，當 LIKE 有充足的流動性，而且客觀、清晰、透明，更無須身份認證就能交易，所有人便可以放心持有和收取 LikeCoin，做到「創作可以當飯吃」。

　　且讓資產 be water，my friend。[51]

---

51)　　原文刊於《區塊鏈社會學》週報第 21 期，2021.11.19

士多啤梨蘋果橙：以物易物現代版

　　無大台交易所透過流動性池，讓 APPLE 和 BANANA 可以隨時兌換，換言之，為蘋果和香蕉提供了流動性，讓果農的產出得以跟其他蔬果互換。既然 APPLE 跟 BANANA 之間可以，CARROT、DURIAN、EGGPLANT 之間也一樣可以。

　　人類走過了一萬年，因為區塊鏈的出現，竟然再次回到以物易物的年代。

金錢簡史（崩壞版）

　　遠古時代，人類以物易物交換剩餘資產。原始人 Alice 以 APPLE 跟 Bob 換取 Banana，Carol 以 CARROT 跟 Dave 換 DURIAN，運作良好。

　　但是很快，問題來了。Dave 想要 APPLE，但 Alice 覺得 DURIAN 很臭，不肯換。另一個問題是，Dave 發現以大大的 DURIAN 換小小 CARROT，一下子要換五條回來，實在吃不下。

　　這時候，腦袋發達的原始人 Shelly 提議，不如大家都把水果換成 SHELL 吧，APPLE、BANANA、CARROT、DURIAN 分別能換得 1、1、2、10 SHELL。大家覺得這個提議很好，久而久之，甚麼都換成 SHELL，反過來 SHELL 也能換到任何東西。以物易物時代結束，金錢時代形成，大家通通使用 SHELL 作交易媒介。

　　從此，聰明的 Shelly 每天去海邊拾貝殼，量化寬「SHELL」，發了大財。後知後覺的 Alice、Bob、Carol 和 Dave 漸漸發現，手上的 SHELL 能換到的水果越來越少，覺得不對勁。Shelly 解釋，SHELL 的換取力變小，大家就會希望盡快花出去，就能刺激經濟了！大家聽著覺得蠻有道理的，也就接受了，反正也沒得選，不接受也得接受。

以物易物 2.0

　　鏡頭快進到一萬年後的 2008，Shelly 的五百代後人 Lehman 兩兄弟終於把量化寬 SHELL 玩爆了，於是中本聰設計了 Bitcoin，然後又有了以太坊、Cosmos 等區塊鏈，再然後 Uniswap、Osmosis 等無大台交易所相繼推出。

　　透過「自動造市」機制，人類建起 APPLE/BANANA、BANANA/CARROT、CARROT/DURIAN 等各種流動性池。由於提供流動性的

人可賺得兌換抽成，因此只要有需求，就有人去建 LP，讓各種資產得以互相兌換，自由流動。人類再次回到以物易物，不同的是，這次的效率提升了一百億倍。

至於 SHELL，它沒有因此消失，甚至還很強。區塊鏈不是從舊體制取走價值，而是讓過往不可能的變成可能，創造出新的、更多的價值。過去人們必須都用 SHELL，如今有了其他選擇。比如說，紐約交易所大約 2,400 種資產，所有都是跟「真錢」SHELL 交易，「用錢買」也，有 2,400 個交易對。但是在無大台交易所的生態之中，2,400 種資產可以組合成 $_{2400}C_2 = 2,878,800$ 個交易對。當然，不是每個交易對都有市場，但市場是否存在是由需求說了算，而不會因為只能選擇 SHELL 本位，抹煞了其他可能性。

其實，以美元衡量的，又何止紐交所的 2,400 只股票而已。你吃的菜，住的房，坐的車，穿的衣，還有你的勞動力，即是你的「價值」，總之你的整個人生，全部都是以美元或你所在國家的法定貨幣衡量。而與此同時，量化寬 SHELL 每天持續上演。

別再說買賣，試著說 swap

為甚麼無大台交易所多數叫作 XXX swap？因為不存在一種理所

當然的基礎貨幣，更沒有「法」律規「定」必須使用的「貨幣」，是以物易物 2.0。

日常生活中我們總說「買」甚麼、「賣」甚麼，而不會說「用錢換取了甚麼」、「用甚麼換取了錢」，比如今天以 57,000 USD 買入 1 BTC，明天漲到 60,000 美元，賣出 1 BTC。你可能沒有想過，比特幣區塊鏈國民會倒過說「今天賣出 57,000 美元，明天買入 60,000 美元」——別以為我在開玩笑，有些經驗豐富的密碼貨幣投資者，的確這樣看世界，只是我們活在 SHELL 本位——不，美元本位——太久的世界，成見太深。

「買賣」的說法，本身就是成見，假定了一切皆以美元交易，所有閒置資產都以美元儲存，更嚴重的是，因此也假定了美元就是「穩定」的。想要破除成見，先戒除說「買賣」，試著說「swap」，跟茶餐廳伙計說要以 30 港元 swap 一份早餐，跟老闆說要以一天體力 swap 1,000 港元，這將有助你解開美元本位的枷鎖，開拓各種資產多向流動的視野（當然也會被當成瘋子啦）。

區塊鏈與無大台交易所的以物易物 2.0，解開了萬年以來單一貨幣主導的困局，增強資產流動性，也讓生活更多元。

所謂「多元」，既是 diversity，也是 multicurrency。[52]

52）　原文刊於《區塊鏈社會學》週報第 22 期，2021.11.26

只許富人投資，不准窮人進場：監管密碼貨幣的神邏輯

香港財經事務及庫務局就「加強香港打擊洗錢及恐怖份子資金籌集規管立法建議」發表諮詢總結[53]，除了毫不意外地打算發放密碼貨幣交易所牌照，另加上交易所只能向持有 800 萬港元資產以上的「專業投資者」提供服務的規限。

立法建議荒誕

該規限有三大荒誕之處。

一、打擊洗錢及恐怖份子資金籌集，竟然是排除窮人投資密碼貨幣，反而富人免疫，難道洗錢好像洗大餅，一塊一塊去洗；恐怖份子只由窮人支持，十元八塊眾籌力撐？

二、香港素來以開放經濟自居且自豪，諮詢文件中也號稱「香港是開放、可靠和具競爭力的投資和營商地區」，卻意識不到區塊鏈、密碼貨幣是個更加開放的生態；市民認可香港的制度才使用本地註冊

---

53)　　香港特別行政區政府財經事務及庫務局：〈有關香港加強打擊洗錢及恐怖分子資金籌集規管的立法建議〉

的交易所，你偏要趕盡殺絕，把普羅大眾推向其他國家註冊的交易所，把正在萌芽的產業，通通推往新加坡等地。

三、持有 800 萬港元資產就是「專業」投資者，邏輯窮得只剩下錢。且別說 800 萬可以是來自儲蓄、打工、創業、遺產、六合彩等跟投資專業毫無關係的來源，就算假定 800 萬是投資所得，密碼貨幣相關知識跟傳統投資也大相逕庭，就是股神巴菲特，對區塊鏈的認識恐怕比大部分「IT 狗」都要少。

邏輯窮得只剩下錢

好吧，接受「專業投資者」只是個美其名的暱稱，真正意思是「蝕得起，不需要保護的人」，不就好了？既然荒唐過方唐鏡的事日日在港上演，你或許會奇怪，我為甚麼還會在意這些「細節」。最近一件小事可以說明。

話說我近月在民間學院教授「區塊鏈社會學——財務自由篇」，深度分享 DeFi 無大台金融的知識。上月中課程來到一半，有同學不無感慨地問，對於資產捉襟見肘的小市民，密碼貨幣投資有甚麼實質意義。言下之意，有錢人一買一賣就能賺你一生的開支，小打小鬧的交易所為何事。

但我的看法正好相反。除非你是月光族，窮得月底的租金都成問題，否則只要有小量餘裕，就有條件投資密碼貨幣。我甚至會說，閒置資產越是微薄，越適合以密碼貨幣作爲投資工具，因爲其門檻最低。你付不起首期買物業，甚至可能買不起一手[54] 股票，但你無論如何買得起幾乎可以無限細分的密碼貨幣。以比特幣爲例，最小單位 satoshi（SAT）大概不過 1 韓圜，雖然交易所一般設有最低額度，但往往只是十元八塊，甚至低至 1 美元。而且，大部分交易所的手續費都是純粹按百分比算，不會像股票買賣般設最低手續費，搞得小買賣的交易成本佔比不合理地高。兩個因素加起來，密碼貨幣根本就是 underdog 的救星。

真正門檻不是資金而是知識

投資密碼貨幣的眞正門檻不是資金，而是知識。說得玄一點，是 unlearn 的能力，尤其是對舊秩序中的「成功人士」而言。年輕人沒有成功帶來的枷鎖和傳統智慧的包袱，卻有接受新事物的空間和學習新知識的能力，正好趁著老海鮮還搞不懂，沒法大手入市炒到百幣騰貴的這個時間點，尋找翻盤的機會。

---

54) 指每檔股票設定的最低交易限額，如 100 股、1,000 股。

這是甚麼時間點？大概就如 1995 年互聯網剛起步那一點。當年，Netscape IPO[55]，揭開互聯網翻轉世界的序幕；今年，Coinbase 剛上市，成為第一家掛牌的密碼貨幣交易所。接下來的十年廿年，新的秩序將逐步出現，誰能把握機會，就能得到主導權。說到這裡，體制規限窮人參與密碼貨幣的脈絡，就清晰多了。

不過，雖然整篇文章都在批評監管當局，我卻認為最終責任畢竟在小市民自己身上，而向自己負責，正好也是密碼貨幣的核心精神之一。聽到發牌制度將要推出，在半年寬限期還沒開始，甚至正式立法的程序都還沒展開，就唯命是從的「醒目仔」，本身正是體制認為該去規限，去照顧的人。真正看懂區塊鏈，認識密碼貨幣的人，不論有沒有 800 萬資產，才不會被這種小事難到而放棄。[56]

---

55) The Motley Fool: The IPO That Inflated the Dot-Com Bubble

56) 原文刊於《蘋果日報》專欄 #decentralizehk 2021.06.01

我們都是 Bitcoin Pizza Day 的主角

2010 年 5 月 18 日，當時比特幣推出一年多，程序員 Laszlo Hanyecz 在古早論壇 bitcointalk.org[57] 以 10,000 BTC 徵購兩塊 pizza，連洋蔥、青椒、蘑菇、番茄、香腸等配料的需求都寫得一清二楚，相信是一位很好的程序員（笑）。四日後，即十一年前的今天，Hanyecz 在自己的帖子下留言[58]，成功以 10,000 BTC 買得兩塊 pizza，圖文並茂[59]。

57)　　https://bitcointalk.org/index.php?topic=137.0

58)　　https://bitcointalk.org/index.php?topic=137.msg1195#msg1195

59)　　https://web.archive.org/web/20110430160344/http://heliacal.net/~solar/
　　　　bitcoin/pizza/

區塊鏈編年史上，把這個特別的日子稱為 Bitcoin Pizza Day。

Pizza Day 的真正意義在於賦予比特幣金錢性

主流媒體對 Bitcoin Pizza Day 的報道，當然是針對事件最「多汁」那部分：10,000 BTC 到了今天，足以兌 5 億美元，即一片 pizza 要 2.5 億美元。如此有噱頭的新聞，豈有不爆之理，還要嘲笑一下主角。

然而，Bitcoin Pizza Day 的真正意義，顯然不是有人花了後來變成天價的資產買 pizza 而後悔莫及，這宗交易是比特幣首次買到生活所需，增強了這種資產的「金錢性」。資產要流通才能產生價值，這是簡單的道理，十年後 Hanyecz 接受訪問，也大方說並不後悔。我沒法代表當事人，也沒有那麼極端的經歷，不過有類似經驗可以分享。

話說 2019 年 9 月我首次在民間學院教授「區塊鏈社會學」[60]，為了讓大家試用 Compound DeFi[61]，第一堂課就給 25 位同學每人送上 0.05 ETH，現時市值 200 美元，相當於整個課程的學費。但這宗「蝕本生意」絲毫沒讓我感到鬱悶。如果這 25 宗交易能讓學生接觸到區塊鏈從而開竅，就絕對比把錢留在我的錢包來得有意義。

---

60) 民院教育 Intercommon Education【DCH2201】區塊鏈社會學 Blockchain Sociology
61) 見第二章〈DeFi：HiFi 與 WiFi 之後，改變世界的將是 DeFi〉

在 Bitcoin Pizza Day 之前，雖然比特幣已經能夠小範圍地在如 www.bitcoinmarket.com 網站跟美元兌換，但直接買到食物又是另一重意義。與其說造就這宗交易的 Hanyecz 是苦主，不如說他是比特幣往成功的漫漫長路上的一位英雄。

每個人每一刻都在作出選擇

報導的角度是議題設定，甚或說是新聞自由也無不可，然而如果把 Hanyecz 視為事件的唯一主角，卻是邏輯上的客觀錯誤。事實上，除了以兩塊 pizza 換得 10,000 BTC 的配角，我們每個人都是 Bitcoin Pizza Day 的主角。如果嘲諷 Hanyecz，卻連自己做的抉擇跟他一樣都意識不到，無疑笨得可以。

此話怎說？在十一年前的今天，我們每個人都在 25 美元（或者等值其他法幣，當時兩塊 pizza 的市價）和 10,000 Bitcoin 之間，選擇了前者──除非你騰不出 25 美元，或者還沒出生。

是的，你很大機會沒有刻意去做這個選擇，但我們的（不）行動產生了這個客觀效果，正如「所謂『我不投資』，就是 all in 在法定貨幣」同一道理。你沒有動作，但你已經選了；就好像自命中立的人，已經選擇了配合體制一樣。

　　以上說法似非而是，的確，那雖然是事實，但並不符合一般人的直覺。姑且換一換場景，看你又會怎樣決定？假如現在你想買兩塊共值 25 美元的 pizza，可以選擇用比特幣或者美元買，你會怎樣選？多數人學乖了，這次會說用美元。可是，除了買 pizza 的錢，如果你還有另外 25 美元的閒置資產，但沒有把它兌換成比特幣，那麼你的決策既不一致，也不理性；如果十年後比特幣兌美元為 100 萬，那麼，你將又一次不知不覺之中，成為了 Bitcoin Pizza Day 的主角。

　　資產是流動的，世界是動態的，絕對的穩定並不存在。我們每分每秒都在做決定，我們的每一個行動或不行動，都可能在後來產生極大影響，只是當時並不一定意識到。

　　面對大環境，永遠不要以為我們沒事可做。[62]

---

62)　　原文刊於《蘋果日報》專欄 #decentralizehk 2021.05.18

第四章　　On Ramp

鼓勵持有比特幣不是給「冧把」（number）。美元是世界共識，但量化寬鬆也是世界「共賭」。而比特幣限量發行，更可驗證。這是簡單的供需原理。當個密碼貨幣資產移民不需要轉換全副身家，「入金」（on-ramp）只要 100 美元、港幣、台幣，甚至韓圜都能開始。

離岸美元穩定幣：步履最小的資產移民

離岸美元穩定幣，是傳統法幣與密碼貨幣兩個生態之間的緩衝區，也是長年習慣了法幣生態的人邁步進入密碼貨幣生態前，所能踏出的最小步履。

你說，「離岸美元穩定幣每個詞都懂，加起來就不懂？」既然這樣，且讓我拆開每一個詞，再加起來解讀。

離岸：資產移民

離岸，offshore，Google 一下，解釋是：made, situated, or registered abroad, especially in order to take advantage of lower taxes or costs or less stringent regulation.[63]

Offshore 套用在公司，就是離岸公司；套用在銀行帳戶，就是離岸帳戶。離岸是選擇地表上另一套法律體系，換言之，是「資產移民」。

---

63)　https://www.google.com/search?q=define%3Aoffshore

有些香港人用「走資」形容資產移民，給人犯罪份子、「身有屎」似的錯覺。這些人大概忘了，香港是開放的經濟體系，只要資產本身是合法得來，存放於甚麼國家監管的帳戶全屬個人自由。事實上，大部分上市集團都設有離岸公司，高官都持有離岸資產（否則制裁哪有影響），以「走資」形容離岸，就如以「走佬」形容移居[64]，以「走私」形容跨境網購，不必要地難聽。

過往離岸的概念離普羅大眾很遠，因為手續繁雜，收費貴，門檻高。比如成立 BVI 公司約需 1 萬港元，而香港公司則不到 2,000 港元就可。又例如在渣打、花旗、星展等銀行開離岸帳戶，一般情況下最低存款額由 100 萬至 780 萬港元[65] 不等。而即使你是有錢人，手續和等待時間也可能把你煩死。

可是，科技的發展已經讓人可以在五分鐘之內，下載一個 app，以 email 地址就能註冊一個離岸帳戶，沒有手續費，也沒有最低存款額。比如說，於美國註冊和上市的密碼貨幣交易所 Coinbase[66] 的帳戶，就可以理解為離岸，既可以用作購買和存放美元穩定幣，又可以

---

64)　「走資」指讓資金逃離香港。「走佬」則有台語「跑路」的意思。

65)　Money Hero:【離岸戶口比較 2022】香港開海外戶口要求及申請教學

66)　https://www.coinbase.com

用作「離岸 Payme」，作 P2P 支付工具。

肉身移民是個艱難的決定，只有 0 與 1，要麼勇敢豁出去，在外地重新建立新生活，要麼堅定留下來，以深度紮根對抗連根拔起。資產移民卻不同，0 到 100 悉隨尊便，低至 0.01% 都可以，沒必要放棄港元，不預設任何承諾。

再退一百步，開個離岸帳戶體驗一下，就當是沒法外遊當下的「資產旅遊」，why not？

美元：世界共識

談起美元或其他法定貨幣，有人以爲我總是「唱衰」，錯覺我反美元、港元。事實並非如此，不信的話，試試給我 1 萬美元，看我要不要？或者 1 萬港元我都不介意的。

相對於唱衰、反對，我其實只是指出美元不是一切、不是絕對穩定、不是自有永有的存在而已。我一直都把比特幣等密碼貨幣和法定貨幣看成是補完的關係——補充、「完善」，傳統貨幣以外，世界還有很多可能性有待開拓。

　　這次反過來主張美元，是因爲作爲普羅百姓的資產，首要條件是簡單明瞭，並能夠應付食衣住行等日常。而美元畢竟是規模最大、流動性最強、全球接受程度最高，也最多人共識使用的幣種。

　　香港聯繫匯率制度讓港元跟美元掛鈎，多年來幾乎能維持在 1:7.8 匯率，讓港人與企業可以放心地遊走於港元美元之間，亦因此以港元計價、美元結算，無需擔心匯率變動，非常簡單。但有人擔心港元美元終會脫鈎，金管局前總裁任志剛也曾「不經意」地放風，表示並非建議港元美元脫鈎，但若鈎不住，「咁咪鈎第二樣囉[67]」。說得曖曖昧昧，頗堪玩味。

　　假如你絕不相信港元美元會脫鈎，那麼持有美元就如持有港元，並無匯率風險。而假如你跟我一樣，相信港元美元脫鈎是歷史的必然，終將發生，部分資產以美元儲備，對自己也是一項保障。

　　幾個因素加起來，就是選用美元的原因。

---

67)　　《明報》:〈任志剛:非建議港元美元脫鈎　但「鈎不住可鈎第二樣」〉

穩定幣：美元法幣靈魂，密碼貨幣身體

美元穩定幣就如美元的靈魂，加上密碼貨幣的身體；一方面兌美元穩定，不牽涉漲跌，另一方面以區塊鏈承載，享有密碼貨幣自由跨境、點到點交易、靈活高效等優點。

管理密碼貨幣的最佳辦法，是自行保存密鑰，避免假手於人。所以我不厭其煩，年復一年鼓勵人開立錢包，即「離地帳戶」。

然而，對很多人來說，掌握個人命運雖好，卻太過沉重。當知道萬一弄丟助記詞會失去所有資產，大部分人寧願把個人命運交托出去，把資產託管於大企業，信別人好過信自己。

相對於鞭撻這種心態「懶惰」，我接受依賴是人之常情，無可厚非。如果對香港體制或經濟發展有所顧慮，資產移民火星是最徹底的解方。不過在那之前，先把資產移民外國，也是踏出了重要一步。如果還沒準備好脫離地表上所有政府的監管，「離地」自主管理各種密碼貨幣資產，也可以退而求其次，先讓部分資產離開身處的體制，「離岸」管理美元穩定幣。

使用離岸美元穩定幣，不過就是花五分鐘到外國註冊的合法交易

所（如 Coinbase）註冊帳戶，把部分資產兌換成美元穩定幣，託管在交易所，然後用這些密碼貨幣型態的美元去儲存價值而已。

離岸美元穩定幣門檻低，人人皆可輕鬆持有，合情、合理、合法地保障個人資產。[68]

---

68)　原文刊於《區塊鏈社會學》週報第 6 期，2021.08.06

比特幣第三次產出減半：買、買、買

還有不到一天，比特幣挖礦每個區塊的產出就會從 12.5 顆減半至 6.25 顆。這是比特幣從 2009 年初推出以來的第三次產出減半。

第一次的比特幣產出減半在 2012 年 12 月 28 日，從 50 顆減半到 25 顆，當時比特幣市價大概 12 美元，換言之挖出一個區塊減半前的收益是 600 美元。第二次則是 2016 年 7 月 9 日，減半到現時的 12.5 顆，當時市值為 650 美元，卽減半前一個區塊的收益 16,250 美元。

在卽將迎來第三次產出減半的今天，比特幣市價接近 10,000 美元，換言之挖出一區塊收益 12.5 萬美元，而這收益馬上就會減半——假設比特幣價格不變的話。

粗疏參考數據

無論基於哪種理論，使用甚麼分析框架，這假設顯然都並不成立，任何事物的價格都會改變，比特幣尤其如此。根據最基本的經濟學，供應減少，需求不變，價格就會上漲。如果是參考減半一年後的數據，2013 年底比特幣漲到 1,000 多美元，卽一年前的 85 倍；第二

次減半一年後則漲到 2,518 美元，大概 4 倍。

　　當然，這些參考數據嚴重不足，現今社會連百年一見的黑天鵝都可以每週出現，何況是前面只有兩組參考數據。況且，以上都是最皮毛的經濟學理論，非常簡陋，忽略了其他諸多博弈條件，比如礦機的效能、電費、挖礦難度的調整等比特幣設計的元素，和美元濫發、投機心態、基金操盤、沽空盤等叵測的人心因素，恐怕諸葛亮在生都算不清。

　　隨便搜索一下「比特幣減半」、「Bitcoin halving」或者「Bitcoin halvening」，就能找到大量分析預測，來自素人與大行都不缺，比以上的基本數據詳細百倍。我幾乎沒有讀過任何一篇，因為我不願意花時間在粗疏的投機取巧，但也花不起時間去分析這些分析，提煉訊號。

　　如果我經營媒體，會把不同的分析預測記錄下來，寫到區塊鏈，每年回顧一次，既讓狗屁預測原形畢露，也讓提出真知灼見的先知得到應得的認可。到了四年後的第四次比特幣產出減半，我們大概就知道誰的意見更值得參考。這工夫其實毫不困難，有心的學生報大概就能輕鬆搞定，可惜，對預測有興趣的人總是遠多於對驗證預測有興趣

的人，媒體也樂於每年報導「名師」如何預測當年運程與經濟，週而復始。

三個建議：買、買、買

我的文章顯然不會提供投資建議，至少不會給出買賣時機，買賣甚麼等建議。真要談投資的話，我們談的也是投價值而不是投價格。對於是否買入比特幣，我不逃避，即管給出三大具體建議，雖然相對「冧把」[69]和預測價，顯得很虛就是。

一、買。無論比特幣最終結果如何，毫無疑問會是人類歷史上的大事，把信任的證成、共識的取得、價值的演繹和金錢的發展等諸多方面帶上另一個台階。生在這個時間點，有幸去見證比特幣的推出、發展以至產出第三次減半，是一份福氣，不去見證歷史，非常可惜。

二、買。但別動用會影響到你生活質量的資金，即使你像我一樣深信比特幣和區塊鏈的價值，也得認清，價值和價格脫鈎才是世界的常態。更保守的話，購買金額最好就算輸光都不覺得痛。「一顆要一萬美元，哪有錢」！？問這個問題的人更加要買，因為這代表發

---

69)　英文 number 的粵語音譯，此處指股票代號。類似台灣「報名牌」。

問者完全沒搞懂。這問題就好像在問，黃金要 5 萬多美元一公斤，怎麼買——誰讓你買 1 公斤金了？可以用 50 美元買 1 克。比特幣也跟黃金一樣，但細分程度更高，雖然一顆要 1 萬美元，但你大可以買 1/100,000,000 顆，即比特幣的最小單位 satoshi，今天市值 0.0001 美元。

三、買。因為如果你不去持有和使用，無論你看多少篇報導、分析、白皮書都不會懂。就算真的看懂了，實際體會又是另一回事。假設你讀這篇文章需要 3 分鐘，而你的時薪是 60 元，我寧願你省下這 3 分鐘，用騰出來的 3 元去買比特幣。

除非你是月光族，否則我想不到完全不買比特幣的理由。[70]

---

70)　　原文刊於《明報——星期日生活》 chungkin Express 專欄，2020.05.10

source: https://forgetfulbc.blogspot.com/2017/12/bitcoin.html?m=1

每天買一百元比特幣

撰稿前一天，比特幣等大部分密碼貨幣從高位大幅回落。這樣挺好，不然每次文章開首都說比特幣大漲，把我搞得像財經演員可冤枉。我更喜歡在跌市談比特幣，讓人避免被升浪搞得頭腦發熱，專注基礎。

比特幣和以太幣對上一次的 ATH（all time high，歷史新高）在三年前，對於區塊鏈產業而言，是相當長的時間。我常以為身處的產業比較小眾，但到了這種大場面，卻總是有朋友來訊閒聊，問及價格走勢等，我才後知後覺，價格最能引起大眾關注。

但我只看價值，不看價格，不會回答對價格走勢的看法。不是因為我不吃人間煙火，或者鄙視，而是我不懂得看，同時認為短期預測，充其量是猜測。但是，無論過去、現在，還是將來，我都會預測，長線必升，因為我相信兩件事：一、區塊鏈和密碼貨幣的價值；二、長遠而言，價值會帶動價格。

作了長線必升的結論，買入密碼貨幣的懸念還剩兩個。一，密碼

貨幣幾千款，該買哪些？

比特幣是指數似的存在

　　不是財演，不給「冧把」。要談一隻密碼貨幣就深入談，也得先搞清區塊鏈基本概念才能談。但這不代表要進場就先理解一百種密碼貨幣，因為可以先從比特幣入手，就像股市，當你不懂或者不想選股，直接買指數就可以。

　　比特幣當然不是密碼貨幣的指數，但卻有類似的功能，我也是去年才逐漸意識到。對一般人來說，區塊鏈就像火星，理解、接受以至內化另一個世界的物理定律，需要一段長時間。地球人初到火星，人生路不熟，總是會先從最古早的比特幣入手。逐漸，這形成了共識。無論未來火星上流行哪一款產品，吸引更多人到旅遊甚至移民，都會帶動比特幣的增長；反過來說，假如群眾對火星總體失去信心，比如地球政府跟火星交惡，比特幣也必然受影響。

　　因此，比特幣變相成了指數似的存在。火星最多人使用的財經網站 CoinMarketCap[71] 和 Coingecko[72]，都會追蹤「BTC dominance」指

---

71)　https://coinmarketcap.com/
72)　https://www.coingecko.com/

數，即比特幣在總體市值的佔比。兩個網站收錄的幣種不完全相同，這數字也略有不同，當下分別爲 62.5% 和 61.5%，從這個超高的數字就能大概理解，買比特幣幾乎等於買整個生態。

時機：今天就開始

　　第二個問題當然是應該何時入手。我的答案很簡單，今天。既說價錢沒法預測，又說應該今天入市，豈不矛盾？

　　不，正是因爲價錢沒法預測，才應該盡快入市。

　　但是，答案的後半部可不要漏掉：分批入市。更理想的是，定期定額買入，時間線拉得越長越好，最好四年或以上，覆蓋比特幣產出減半的週期。定期定額購買，在股票市場是簡單有效的策略，數據證明比大部分窮盡心思的策略更有效。來到火星，資產沒有一手或一股的概念，切得微塵般小都可以，跟定期定額更是絕配。

　　如果說比特幣價格太高，我不能說人家錯，畢竟沒有絕對答案。但很多人說比特幣一顆太貴，買不起，是客觀上的錯誤。會這樣想是源自買不起三十幾萬美元一股的 Berkshire Hathaway 的「地球概念」。事實上，一「顆」比特幣可以分成 1 億份，那才是眞正的最小單位，稱

為 satoshi。熟悉股票的可以想像，1 BTC 是一手比特幣，而 1 satoshi 則是一股比特幣，一手有 1 億股。密碼貨幣只是報價用一手為單位，但不需一手一手交易，你大可以買入 100 元比特幣。

不介意公開，每天買 100 元比特幣，正是我的方法，極度簡單。我不管它價格多高還是多低，可能的話，甚至不想知道。我更想專注工作，盡情生活。[73]

---

73)　原文刊於《蘋果日報》專欄 #decentralizehk 2020.12.01

今天入場買比特幣，如果明天就大跌怎麼辦

壞話說在最前面，明天就大跌是有可能的。這是廢話，如果明天一定升，文章一個字就寫完了：買。

但儘管明天可能會跌，甚至是暴跌，我在前文還是明確鼓勵大家當天就去買比特幣，不管你讀到文章的時間點是哪天，不管當天剛漲了三成，還是跌了五成。我敢這樣說，因爲我建議的是〈每天買一百元比特幣〉，而不是全副身家今天全買比特幣。

講多無謂，計數最實際

大話怕計數，自己的數據沒有基礎，就會要求別人不要問，不能選，只管信。反過來，要獲取信任，最佳辦法莫過於提供數據。信任的基礎在於可驗證，並非威權。

因此我特意做了個公開的網上試算表給大家參考[74]，列出了從 2017 年 12 月 17 日到 2020 年平安夜，比特幣的每日價格（所以大家

---

74)　http://bit.ly/decentralizehk-btc-dca

猜出了吧，可憐的文字工作者就是聖誕節還得寫稿），然後假設每日買入 100 美元，計算截止昨天為止的回報率。

〈每天買一百元比特幣〉刊出於 2020 年 12 月 1 日，如果從當天開始每天以 100 美元買入比特幣，也就是用 2,400 美元買入 0.1193 BTC；則平均成本為 20,121 美元，回報率 15.5%。還好，不過時間段太短，還不足以參考。

且看一整年的數據，假如我們從去年聖誕節開始，每天買入 100 美元比特幣，一年後等於是用 36,600 美元買入 3.7523 BTC，平均成本 9,754 美元，回報率 138.3%。這只是剛好最近比特幣大漲的運氣？況且，去年聖誕當天比特幣才 7,326 美元，還不如當天就一次全買入更賺？這當然是客觀事實，前提是你得猜對去年聖誕的價格偏低，而且別忘了今年三月比特幣一度低見 4,000 美元。一次買一大筆的話，記得要捱得過那份心理壓力，不要反過來在低位拋掉才好。

假如從上次 ATH 起每天買入

且來看看，從 2017 年 12 月 17 日開始每天買 100 美元比特幣到昨天為止的情況。2017 年 12 月 17 日有甚麼特別？當天比特幣 19,476 美元，部分交易所破 20,000 美元，是上一浪的 ATH。假如我們當天

FOMO（fear of missing out），怕錯過機會，衝動入市，結果會怎樣？答案是，三年來買入 14.85 BTC，平均成本 7,433 美元，回報率212.6%。

事後孔明，就算上一浪的 ATH 大手買入，現在也已經回本，但只有不到 20% 回報率。更重要的是，在 ATH 一次買入，當天之後，比特幣拾級而下，個多月後跌破 10,000 美元，2018 年底、2019 年初甚至一直在 3,000 至 5,000 美元徘徊，這些日子的心理壓力，可不是一般人承受得了。

反過來，卽使開始入市時是 ATH 而之後持續下跌，堅持每天美元定額買進，下跌代表你能用低價買入更多，拉低總體成本，只要確保選擇的資產長線造好，以及日購所需的資金能夠持續，無論升市跌市都能輕鬆面對。

今天入場買比特幣，如果明天就大跌怎麼辦？不用怕，不用想，繼續買，放輕鬆，專注工作，享受生活。[75]

---

75)　　原文刊於《蘋果日報》專欄 #decentralizehk 2020.12.29

上車買比特幣 FAQ

比特幣剛升破 4 萬美元才叫人買，靠害 [76] 嗎？

冤枉。雖說不上很早，但我是 2017 年開始推介比特幣和區塊鏈的 [77]，當時 3,000 多美元。卽使是最近一次明確建議〈每天買一百元比特幣〉時，也還是 1 萬多不到 2 萬美元。

不是比特幣創新高我才叫人買，而是 FOMO 心態和 Facebook 算法，令你現在才看到我。

就算不是靠害，低位時沒買，現在這麼貴怎買得下手呀？

抱這種心態的人，卽使在 2017 年，一樣會覺得 300 美元沒買，3,000 多美元時買不下手。甚至就算 300 美元時接觸，都覺得錯過了 30 美元所以不買。

其實卽使是今天，比特幣才剛十二週年，以資產類別來說歷史還很短，剛進入機構和大衆視野而已。

---

76)　　害人。

77)　　chungkin Express：〈偽金融科幻小説《獅子與人民》——區塊鏈是如何鍊成的〉

誰都知道理性應該無視掉沉沒成本（sunk cost），同理，也不要被「sunk opportunity」影響你對未來的決策。

跌了你會賠嗎？

絕對不會，但會告訴你怎麼辦，請看〈今天入場買比特幣，如果明天就大跌怎麼辦〉。~~嘿，升子你會分給我嗎？~~

又，主張 cash is king 的人，美元對比特幣一個月跌了 50%，會賠嗎？

是大戶炒高了讓散戶接貨吧？

well，不知道。不過就算是，我也是處身散戶的一方。

好吧，買多少？

持續每天買，定額買，見〈每天買一百元比特幣〉。一百不必是美元，可以是港元、台幣甚至日圓，總之，少到跌了也不影響生活，不覺得痛的程度就對了。

幾時是入貨好時機？

今天。

別自以為有本事捕捉時機了，也別想要看懂後就去買，實情是，不買的話你永遠看不懂。

好吧，怎麼買？

平衡各種考慮，推薦新手使用在美國、新加坡等地註冊，支持法定貨幣支付的交易所，比如 Gemini[78]、Kraken[79] 等。

註冊帳號後還要提供護照自拍？我的資訊和資產安全嗎？

交易所會告訴你絕對安全，我不會。風險不算高，但並非零，而這正正是需要慎選交易所註冊地的原因。

不妨理解認證身份的原因：註冊密碼貨幣交易所等同開離岸銀行帳戶，全球政府都要求金融機構核實客戶身份，他們沒選擇。

此外，「not your key, not your coins」，千萬不要習慣依賴中心化交易所存放資產，定期提取到自主管理錢包。

---

78)　https://www.gemini.com/
79)　https://www.kraken.com/

要匯款過去購買這麼麻煩？

就是這麼麻煩。

認清傳統銀行體系有多麻煩，正正是開始意會區塊鏈突破性的開始。為了避免麻煩而不做，你將永遠自困在舒適圈，aka 鳥籠。留在鳥籠，確實比較方便。

btw，論麻煩，及不上買樓十分一吧。

匯款到外地要去分行嗎？手續費多少？

視乎你用甚麼銀行，哪種層級帳戶，有否設定網上銀行；可能要跑分行可能不用，可能免費可能要兩百大元。冤有頭債有主，嫌麻煩的話怨銀行，不是我。

匯款至密碼貨幣交易所，推薦哪家銀行？

沒推薦，但請避免使用日常使用的銀行匯出匯入，避免按揭 [80)]的銀行，避免「香港人的銀行」，你懂的。

---

80)　　指房屋抵押貸款。

香港屬於開放金融體系（暫時，稍後不好說），慎選銀行不是走資，更絕非違法，而是君子不立危牆之下。

開帳號了，認證身份了，匯款了，買了，那幾時賣？

都說別妄想捕捉價格，每天買，維持四年，即比特幣產出減半的一個週期，長期持有，直至基本因素有變。

甚麼是基本因素？

你的生活不成問題；比特幣的機制和密碼學算法牢不可破；各國政府量化寬鬆。

還有其他問題，可以問誰？

歡迎新手到 DHK dao[81]，熱心的社群會幫你。[82]

---

81) https://dhk.org

82) 原文刊於《蘋果日報》專欄 #decentralizehk 2021.01.12

第五章　｜　投資

　　談到投資，很常出現兩類人。有一類人稱自己完全不投資，忽略所處的體制已經幫他們做了決定。還有一類人則相信自己能夠打破大盤，卻沒想到獲利只不過是壓對寶。在密碼貨幣的大拓荒時代，人人都能躬逢其盛，參與自身認同的專案。實現願景的方式前所未見，令人躍躍欲試，但潛伏的風險也無前例可循。儘管寒冬總是伴隨慘痛教訓，卻也是慢下腳步、沉澱自我的好機會。

所謂「我不投資」，就是 all in 在法定貨幣

經常聽到這樣一句話：「我完全沒投資。」

類似的話，我自己也說過，不單止說，而且還帶有強烈偏見，以為投資就是投機，是沒有創造價值的不勞而獲，不屑那樣做。那是我的少年時代。

投資：把閒置資產以合適形式儲存

直到今天，我像交換身份似的，聽到友人的「不投資論」，會反過來分享另一種看法。有人因此覺得我變了，俗了。是的，我變了——變得逐漸看懂法定貨幣和金融體制如何箝制小市民。

先來界定清楚投資：把餘裕以合適形式儲存。而所謂餘裕，就是衣食住行基本生活所需以外的閒置資產。「基本生活所需」因人而異，有人會覺得私家車是必需品，也有人坐巴士出門都先計算成本，反正「餘裕」是應付日常生活所需以外的閒置資產。

嘗試把時間線倒帶回到石器時代，人類能捕獵到摘到每天所需的

食物就不錯了，講求生存，沒有餘裕也沒有投資。發展到農業，積穀防饑就是「把閒置資產以穀物形式儲存」。貨幣出現後，農夫把種出來的穀物變賣所得金子存起，就是「把閒置資產以貴金屬形式儲存」。

不投資的唯一方法：當個月光族

我很多敬業樂業的朋友，會說因為專注在本業創造價值，不花任何時間投資。我欣賞也嘗試實踐這種專業態度，可是，不作任何投資的唯一方法是不擁有任何閒置資產，當個「餐飲餐食餐餐清」的「月光族」；因為只要有餘裕，就有投資。

注意以上說的不是「有投資的需要」，而是已經「有投資」。你會說，「我雖然有小量餘裕，但沒有投資。」但那在邏輯上是不可能的，閒置資產總得以一種方式存在，如果你是古代的農夫那會是穀物，幾千年前那可能是黃金，到了現代，那是法定貨幣，法幣。

舉個具體例子好了。你每月的工資 10,000 港元，基本生活所需9,000，剩下的 1,000 港元繼續存在銀行，那麼，你不是沒有投資，而是把 1,000 元投資了港元存款。我年輕時是初次意識到原來自己有在投資，正是開始使用多貨幣帳戶，支持美元、日圓等外幣。於是有一天才後知後覺地發現，即使閒置資產很少，即使沒下過指令，體制已

幫我做了選擇，不投資外幣，all in 在港元。你晒冷 [83] 支持香港，只是自己意識不到。

突破了盲點，推而廣之，就能理解到無論是港元、外幣、債券、黃金、股票、基金、地產、密碼貨幣，雖然在風險、回報、門檻等範疇有所不同，但全部都是投資。你絕對有權避開投資在密碼貨幣或其他「高風險」資產，但只要你有餘裕，哪怕是一元，你就有在投資。

餘裕以法定貨幣儲存絕非必然

很多人 all in 了法定貨幣而不自知，是因爲把法定貨幣理解爲一個必然、穩定、永恆的存在，可惜，那跟事實相去甚遠。

先說第一點，假設我們的日常生活必然用港元支付好了（其實連這個也值得商榷，但暫不展開），但別忘了，這裡談的是投資，而投資是關於閒置資產而非日常消費。在現代金融體系，資產形式之間轉換非常簡單，只投資在法幣絕非必然，甚至說是懶惰也不爲過。

至於穩定，其實是個相對的概念，稍後將有進一步討論。即使撤

---

83)　指押注手上所有籌碼，延伸爲豁出去。

開穩定是個相對概念這個考慮，資產穩定就是好嗎？顯然，最值得投資的是會升值的資產，而不是穩定的資產。

最後，法幣永恆，恐怕只是夏蟲不可語冰的理解。永遠有幾遠？港元只有百多年歷史，跟美元掛鈎連四十年都不到，而大家有生之年，很可能見證港元跟美元脫鈎甚至直接消失。人民幣更不用說，歷史比港元還短。台幣呢？ 1949 年開始流通，之所以會叫做 NTD，New Taiwan Dollar，新台幣，是因為發行之初必須用（舊）台幣40,000：1 兌換。就算是地表最強的美元，也不過是幾百年歷史而已，且世界儲備的地位正不斷受到挑戰衝擊。

比特幣只有十二年歷史，保持觀望是理性態度。你不一定要相信密碼貨幣，但如果以為法定貨幣就是永恆的存在、必然的選擇，那不過是美麗的誤會，困在政府加諸於你的框架而不自知。[84]

---

84)　原文刊於《蘋果日報》專欄 #decentralizehk 2021.04.20

投資者的自我修養

我把討論 DeFi 的課堂標題黨式命名為「財務自由」，「騙」了一些以為會大談投資之道的人參與。為免讓他們太失望，我整理了密碼貨幣投資八誡——別以為是投「豬八戒」——滿足一下這方面的期望。

投資八誡同時也是用以提醒自己，畢竟，投資者的自我修養，是份終生的功課。

一、不是投資與否，而是投資甚麼

首先，請破除甚麼都不做，持有法定貨幣就是不投資的迷思。

這並不是說必須以比特幣或其他資產本位，我並沒有這個意思。你完全有權繼續以法定貨幣本位看待事情，但需要意識到這是你的選擇，而這選擇並非理所當然。

除非你賺的錢僅夠糊口，一點餘裕都沒有，否則你就有投資的需要，也已經在投資。與其去想投資與否這個偽命題，不如考慮投資甚

麼。答案絕對可以包括法定貨幣。

也唯有破除這個迷思，才能搞清楚自己的投資是賺了還是虧了，和相對的是甚麼。

二、不但要 zoom in，更要去 zoom out

放大鏡有助看清細節，但是要看清全局，我們更需要 zoom out。

zoom out 可分成時、空兩個維度。時間維度，我們生活在世界正好大致和平，各地民族國家政府確立，美元本位主導的年代，但那也只是不足百年的事，如果把這個狀態視為恆久不變的定律，而忽略在更長的時間線上，人類社會有不同的組織型態，以及價值的儲存和交換方式，那豈不也是一種夏蟲不可語冰？

空間的維度，我們處身在金融發達國家，體制健全，法定貨幣穩健，每個人都有銀行帳號。這些全都是好事，但同時也侷限了我們的想像力，滿足於當前的狀態。反之在傳統金融體制不健全、多數人沒有銀行帳號的國家，民眾沒有思想包袱，很容易透過區塊鏈相關技

術，一下子「蛙跳」[85] 超越我們。

三、不去想購買與出售，而去想兌換與停泊

日常生活中，我們都是以法幣換取商品和服務，即購買；反過來透過提供商品和服務來獲取法定貨幣，即出售。我們以法幣為工具，達到生存與生活的目的。

而投資，即餘裕的處理，重點在於資產配置，也可以理解為把剩餘生產力分配在甚麼資產。這些資產當中，有一種是你的「本位」，傳統投資者十居其九會用美元，部分有經驗的密碼貨幣投資者，則會以比特幣本位。

平日，你將資產停泊在本位幣，當看好某一種密碼貨幣，可以兌換一部分進去；不再看好了，就兌換回本位幣。此外，你的本位幣跟法幣之間也可自由兌換，調整資產用於生活與投資之間的比例。

習慣用這個框架去看，除了有助分清生活與投資，也可替我們逐漸擺脫「法幣＝本位幣」的思考框框。

---

85)　　Wikipedia: Leapfrogging

四、不要刻舟求劍，而要守株待兔

成語故事告訴我們刻舟求劍很笨，這大概不用多解釋，慢條斯理追逐一個快速移動的目標，錯過是必然的。

但守株待兔卻不見得是錯，如果你有信心兔子總會撞上這棵樹，又準備了足夠的糧食，在兔撞上來之前不怕餓死，以逸待勞，等樹苗茁壯成長，守株待兔又有何不好？

如果你看到某隻幣近日急升，儘管你不太確定這幣的意義，但就是好想兌換一些，請小心，這很可能是刻舟求劍的訊號。

如果你看到某隻幣很實在很有用，但卻乏人問津，價格低迷，因此想加到資產組合，那麼，這很可能是守株待兔的兆頭。

五、別說「I todl you so」，而要 reality check

如果你看對了趨勢，賺到大錢，或者逃過大難，恭喜你。但是，不妨厚道一些，別要自鳴得意，到處跟看錯的人說「早就告訴你」。

我想談的並非待人接物的道理，反而覺得只要有真材實料，傲慢就傲慢好了。我的重點是，大部分情況下我們很難知道自己究竟是看

對了，還是猜對了。比如說，此刻比特幣 30,000 美元，較高位 60,000 多下跌一半以上，很多人就在吹噓早就知道了，甚至附帶截圖爲證。之不過，他們說過的其他話都實現了麽？還是像八爪魚似的，在芸芸預測中，猜對了一個？既然那麼有信心，他們有在比特幣高位的時候大賣空，賺過盤滿缽滿麼？在比特幣從 1 美元到 30,000 美元這個史實當中，這些人又說過甚麼，做過甚麼？

媒體也眞是的，總喜歡引述各種專家的各種預測，懶惰報導，卻極少去做眞正重要的 reality check，翻查及整理專家們以往的預測，時至今日對了多少，又錯了幾番，更重要的是，爲甚麼。

六、忘掉一時僥倖，謹記慘痛教訓

猜對升跌，賺了錢，跟買中樂透差不多。運氣沒有規律，開心一下就好，然後趕緊忘掉；切忌心存僥倖，連自己都欺騙，把猜對的運氣和看準的實力，混爲一談。

猜錯時卻是相反，越是慘痛的教訓，越需要銘記於心。與此同時，別因爲犯了大錯就從此「不投資」──別忘掉八誡之首──而要找出錯誤的癥結所在，找出可能存在的規律，拷問自己，再次遇到同樣情況，該如何選擇。

我們每秒都在做投資決定，錯誤實屬必然。唯有認清錯誤，才能幫助我們從中學習，不斷修正，讓我們在未來做對，或者至少，不再錯得那麼難看。

七、不求 1% 資產回報 1,000%，但求 25% 資產回報 100%

不要曬單，也不要理會別人曬的單。

如果你眞的好想曬單，很簡單，開 100 倍槓桿，用 10 元去猜比特幣漲還是跌，猜個十次，倒霉鬼都總能猜對一次吧。然後，其他的扔掉，把贏最大百分比、最尖那個山峰截圖來晒單。很多交易所還設有特製功能方便晒單截圖呢。

這顯然沒有意義，還造成傷害，讓我們偏離航道，浪費時間。眞正該做的，是找出那些讓我們有信心投下 10% 甚至 25% 資產的項目，然後 HODL 著，守株待兔。

雖說「但求 25% 資產回報 100%」，但那只是舉例作期望管理。要是眞的能找到潛力項目又能與它共同成長，1,000% 回報在幣市其實也相當普遍；曾經擁有增長 1,000% 幣種的人很多，只不過，HODL 得住的，特別少。

八、不要牛市悔恨熊市懊惱，而要 「I don't give it a shit」

投資是為了有資源去實現生命中的追求，它本身不是追求的一部分，更不是生命本身；切忌本末倒置，被投資主導了生活。如果熊市的時候懊惱牛市時沒賣出，牛市時又悔恨熊市時沒買進，你生活等同只剩投資，反而沒有了追求，失去了投資本身的意義。

平日嚴守紀律，不拿應付日常生活的資產來投資，不要用借貸投資，不做槓桿，把資產配置好，我們才能從容面對牛市和熊市，因為自知已經做了該做的部署。

投資只不過是管理資產，而資產是為了生活。請用最少的時間投資，把省下來的心力集中在生活，和你身邊的人。[86]

---

86) 　原文刊於《區塊鏈社會學》週報第 51 期，2022.06.09

在 Terra 事件虧掉過半資產後，對自己的嚴厲拷問

最近 UST 脫鈎 和 Terra 歸零事件中，從美元的角度，我在短時間內虧掉過半資產。

我努力坦誠面對自己，深刻反省之餘，也對事件定性，希望藉此提醒未來的自己以及其他人，避免重蹈覆轍。

Cosmos 族是活火山的原住民

很多評論假設在 UST 失手的人是因為 Anchor 的 19% 年利率，卻沒想過對於處身於 Cosmos 生態的項目和用戶，UST 是唯一的原生「穩定幣」。這就好像，某地的火山爆發了，評論指人們不理會風險，去看火山景色，結果出事；卻忽略了有些人本來就是當地的原住民。他們錯就錯在，沒有離開自己的家。

Anchor 的年利率並非我使用 UST 的考量，不是否認貪心，而是我更加貪心，19% 根本不足以吸引我，我寧願長 HODL BTC。我真正貪的不是利息，而是一個生態內的原生穩定幣，讓我平日可以完全不使用中心化交易所去處理各種開銷。

　　沒太多人關注到，USDC 的發行商 Centre 曾於去年 6 月宣布 [87]，會於 Cosmos 的其中一條鏈 Kava 發行 USDC，但卻一直只聞樓梯響。一年以來，Cosmos 生態只有 UST，也的確讓我和一眾 Cosmos 居民隨心所欲地在 Osmosis 等無大台交易所管理資產了一陣子。

　　Cosmos 生態也並不打算長期完全依賴 UST，比如 Osmosis 早前已著手整合以太坊跨鏈橋，並在多場社群討論後，於上月投票選定使用 Axelar 作為預設橋 [88]，引進 USDC、ETH 等資產，沒想到橋剛搭好，還來不及讓穩定幣多元化，就馬上發生地震。

　　儘管如此，我接受，以上都不足以成為危機意識不足，風險管理不善的藉口。我明明知道 UST 的系統性風險，卻貪圖避開中心化交易所之便而使用，這是我在事件中所犯的第一個錯誤。由於我以比特幣本位，且個人物質生活簡單，主要是透過 Crypto.com 卡花費，需要時就換出一點 BTC，沒持有太多穩定幣，因此在 UST 方面的損失，並不算慘烈。

87)　CENTRE Consortium: Announcing USDC on Ten New Blockchain Platforms

88)　Osmosis proposal #206: Adopt Axelar as the Canonical Ethereum Bridge Service Provider

話雖如此，我支持的專案開銷卻不少，且項目都是以美元花費。Terra 事件後從美元本位看我的資產值一下子大跌一半，雖然不至於影響我的簡單生活，卻讓我預算盡失，被逼馬上賣出 BTC 去確保能繼續支持專案。這是我犯的第二個錯誤：沒有嚴守紀律，長期維持足夠的美元去應付未來至少一年開支，包括生活以及其他開銷。更離譜的是，美元便宜時我沒有買，反而美元急升才被迫買入，而我已經不是第一次犯這個錯了。

不自覺進入衍生產品市場而不自知

至於 LUNA，我於 2020 年 8 月 15 日首次買入持倉的 19%，當時幣價 0.5 美元；其後再於同年 9 至 10 月以均價 0.32 美元買入持倉 28%。

2021 年 5 月 24 日，LUNA 漲到 4.37 美元，我再買入持倉 47%。同年 9 月，我退出很喜歡的項目 Aragon，賣掉 ANT 以換取餘下 6% LUNA 持倉，均價 35.7 美元，LUNA 成爲我在 ETH 以外，第二個分別在三個數量級買過的幣。那是我最後一次以「眞金白銀」高價買入LUNA。是的，0.5 美元也是高價，比現價高 3,719 倍（苦中作樂：）

我有個原則，只持有我使用其相關產品的幣，而且只要持

有，就會關注項目的發展。因爲付出了時間，持有成本（cost of ownership）十分高昂。放下很喜歡的 ANT，是因爲已經沒有在用；持有更多 LUNA，除了幣價看好，更是因爲我日常使用越來越頻繁。沒想到這個原則，埋下了日後在 LUNA 虧大錢的伏線。不過，我並不把這個原則視爲錯誤，反而認爲該把它捉得更緊 —— 更加嚴選資產，同時更深刻理解持倉。

眞正的錯，也是我在事件中的第三個錯，是把 LUNA 全數放在 LUNA/OSMO 的流動性資金池。我那打不響的如意算盤是這樣的：我本身很喜歡 Osmosis，產品非常流暢，社群極度活躍，更難得的是，治理無比認眞。我依然持有空投的 UNI，也偶爾使用 Uniswap，兩者功能各有優點，但 Uniswap 於社群治理的活躍程度，跟 Osmosis 完全沒法比。基於這個前提，相對於漲了 200 倍但有點看不透的 LUNA，我更願意累積 OSMO，因此利用 LUNA/OSMO LP 賺取 OSMO 收益。

結果是災難性的。我投入池中的 OSMO，因爲極端無常損失（impermanent loss），損失掉 99.9%，賺到的是對無常損失的威力更深刻的理解，以及 5mil LUNA，高位時相當於 5 億美元（繼續以自我踐踏作樂：）

我一直嚴守不貸款，不槓桿的原則（對於香港人，按揭不算槓桿：），也因此不至於在地震中傾家蕩產。然而，我懷疑自己是否已經失守另一個原則，不碰衍生產品。在傳統金融領域，衍生產品比較容易理解，或者反過來說，但凡沒法理解的，大概就是衍生產品，雖不科學亦不遠矣。可是經此一役，我忽然醒覺，LUNA/OSMO LP 會不會也是衍生產品？要不然，我爲甚麼不只賠光 LUNA，還要同等價值的 OSMO 陪葬？在 DeFi 的世界，應該怎樣定義衍生產品？對此，我還在迷茫當中。

傳播力越大，責任越大

然而，相比起個人虧損，我更在意的是自己有沒有給過甚麼不恰當的建議，連累其他人賠錢。我不是，也從來不想成爲 KOL，但畢竟身爲作者，也兼職教學，有責任對人帶來正面的影響，斷不能誤導別人。爲此我反覆思量，有沒有甚麼做錯的地方。

寫作方面，我相信，沒有。雖然我每週發文，又是 Cosmos 居民兼鐵粉，但我從來沒寫過 Terra。不用翻查我都能清楚記得自己沒寫過，原因很簡單，我從來都不會追逐潮流和話題，去寫不夠熟悉的事，更不可能推介認識不深的幣。

至於教學，財務自由課的單元二 DeFi，第一個話題就是穩定幣。當中我提到穩定幣的三個類型，一個比一個難理解，也提到自己很喜歡 DAI（MKR），但就沒有提醒和強調演算法「穩定幣」的風險很高；關於這點，我需要改善。另外，整個課程的 16 個工作坊，沒有用到 UST，也沒有牽涉 LUNA。

參與過的人會知道，財務自由課著重的其實並非傳統意義的投資，在唯一以投資為題的單元五，我再三強調「非常主觀，極高風險」後，分享了個人的主要持倉，除了最主流的 BTC、ETH，當時還小的 SOL 以外，還有比較不主流，以上提到的 ATOM（Cosmos Hub）、ANT 和 MKR 等，並沒有 LUNA。我再三思量，自問沒有帶

著同學誤入歧途，但還是覺得可以做得更好，用更大力氣提醒新鮮人各種潛在風險。

Terra 事件後，有人歸咎 KOL 亂教人 Anchor 收息之類。我沒看過任何相關文章或影片，沒法評論，但傾向覺得，畢竟每個人需要爲自己的決定負責。話雖如此，還是建議一眾 KOL 做更多功課，更少影片，這世界的內容已經很多，我們沒必要追著話題，事事評論。另外，也希望 KOL 不要只是徒具形式地說「非投資建議」；聽過一些節目，明明從頭到尾在推薦產品，卻在最後唸口簧快速讀出提醒，除了自保免責，根本沒有意義。

Terra: fake it until you make it

我並無寫過 Terra 的相關文章，唯一一次評論，是回應個多月前的一位讀者留言，問我對 Terra 和 UST 的看法。當時我第一句就強調自己不算很懂 Terra，只能勉強回應，並指不認爲 Terra 是騙局，而是個「很大規模、大膽的貨幣實驗」。

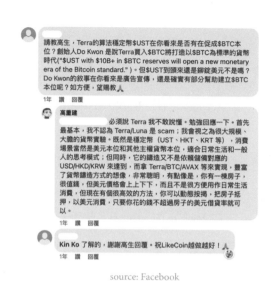

Terra 事件後，專家很多，紛紛說早就知道它必死無疑，但我認為把它視為必敗機制或者龐氏騙局，未免過度簡化，只是在它失敗而我賠大錢後，以結果反過來證明推論。Terra 失敗已成既定事實，但不代表它從沒可能成功，假如項目執行不是過於急進，比如 UST 的發行設有參考儲備資產市值的上限，基金會更早引入更多 BTC 作儲備，或者 UST 有更多如南韓 CHAI 的應用場景，Terra 就有可能 fake it until you make it，讓 UST 和 LUNA 踏上成功之路。

我雖然賠得很慘，而整個部署也有很多改善空間，但不後悔買了

LUNA，也不後悔並未在升值 200 倍後賣出（謎之聲：如果…… 就好了）。我願意以真金白銀支持對人類社會有正面作用的實驗，儘管它可能成功率很低。

畢竟，要是缺乏創新與冒險精神，面對一時間看不懂的機制就予以否定，世界就不會有今天的比特幣，以及整個區塊鏈產業。

與所有在 Terra 事件虧大錢，以及獨具慧眼逃過一劫的生還者，共勉。[89]

回小朋友：可用來支持更多創作者、記者以及有意義的專案

---

89) 原文刊於《區塊鏈社會學》週報第 48 期，2022.05.20

無常損失經典教材：我的 OSMO 如何跟 LUNA 陪葬

我在上文打趣說自己賺到了「5mil LUNA，高位時相當於 5 億美元」。沒想到對 DeFi 完全陌生的朋友沒看懂全文，卻只因著這兩句戲言譁然，用螢光筆圈起來在群組傳閱，讓我啼笑皆非。也太看得起我了吧。

不過說起來，對於沒接觸過 DeFi 的麻瓜，也確實難以搞懂。Terra 事件讓我一下子失去過半資產的，是兩重因素加起來的結果，一是 Terra 的幾近歸零，二是讓同等價值的 OSMO 也「動態清零」的無常損失。

死得如此轟烈，最適合用來做無常損失的教材。

去中心交易所與自動造市商

無常損失翻譯自英文 impermanent loss，無論是中文還是英文，都詞不達意，讓人摸不著頭腦。要理解它，就要理解 DEX 自動造市商（AMM，automated market maker）的基本原理。

　　兩種資產要能自由兌換，傳統金融體系需要「莊家」，比如街頭的找換店，讓人以 1 港元換取 0.89 人民幣，或反方向以 0.91 人民幣換取 1 港元，中間的差價就是找換店的利潤。至於 DEX 則沒有莊家，本錢是集腋成裘的流動性池。

　　Apple 幣 A 跟 Banana 幣 B 需要在 DEX 自由兌換，需要先設立「A/B LP」。假設 A 跟 B 的現價相同，而 A/B LP 裡面有 10 A 和 10 B，那麼，當 Alice 想要以 A 兌換 B，就可以把 A 放到 A/B LP，同時從 A/B LP 拿出 B；反之亦然。

　　一般人會以為，既然 A、B 的現價相同，放入 1 A，就能拿出 1 B，實際不然。基本經濟學告訴我們，需求上升會帶動價格上升；供應上升會帶動價格下跌。當 Alice 拿出 1 A 去換 1 B 的那一刻，A 的供應增加而 B 的需求增加，因此 A 的價格會跌，B 的價格會漲，以程式碼和 LP 自動實現以上供求與價格的關係，就是 AMM。

恆積函數：A x B = K

　　當然，我們在街頭的找換店拿港元兌換人民幣，不會影響到兩者的價格，但那只是交易量太小而被忽略掉而已，情況就好像你用力踏地，理論上會推地球一把，實際上你不是 Superman，地球應該還好。

港美元之間的聯繫匯率也是同樣道理，我傾家蕩產去賣出港元都動不了匯率分毫，但當市場真正大手賣出港元，比如 1997 年炒家大量放空港元現匯兌換美元，的確會像 Superman 推動地球一般，牽動港美元之間的匯率，假如港府拿不出相應的錢接貨，匯價就會脫鈎。

第一代 DEX 使用一條極度簡單的公式去反映這種關係，A x B = K，亦稱為恆積函數；即當 A 或 B 其中一方改變時，另一方需要同時改變，以讓兩者相乘的積 K 保持不變。

承以上例子，10 x 10 = 100，Alice 加入 1 A，A = 11，要維持 K = 100，B 就得變成 100 / 11 = 9.09。換言之，Alice 付出 1 A，得到 10 - 9.09 = 0.91 B，而這時候，A/B LP 的組成變成 11 A 和 9.09 B，以市場價格算，維持各佔 50%。

再舉一例，假如 Alice 付出的不只 1 A 而是 6 A，得到的將是 10 - 100 / 16 = 3.75 B，而 A/B LP 的組成則變成 16 A 和 6.25 B。

更多例子可參考這個 Google 試算表 [90]，甚至複製一份，改動數

---

90) 〈區塊鏈社會學・財務自由篇・三・交易〉試算表

字來觀察變化。

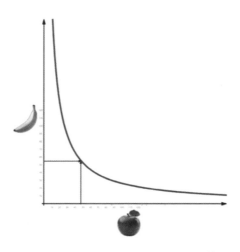

source: What explains the rise of AMMs? [91]

無常損失計算機

如上所述，流動性池是集腋成裘的，而大眾願意投入資產，主要是基於經濟誘因。讓我們簡單假設，A/B LP 建池時其中 5 A 和 5 B 來自 Carol，佔 LP 的 50%。

在以上例子的交易完成後，Carol 的資產變成了 16 A 和 6.25 B 的

---

91) https://haseebq.com/what-explains-the-rise-of-amms/

50%，即 8 A 和 3.125 B。問題來了，經過市場變化後，Carol 多了較不值錢的 A，少了相對值錢的 B，兩者相加，Carol 的總資產價格會較投入 LP 時下跌。這，就是無常損失。

　　為免變成無聊的數學課——我知道你在說，上兩段已經很無聊了——就此打住，不再挖下去。讓看到算式就怕的我們，一起使用「無常損失計算機」[92] 去觀察在兩種資產各種價格變化的組合下，所產生的無常損失：

　　A 和 B 的市場價以同等幅度上升，無常損失為 0。

　　A 和 B 的市場價以同等幅度下跌，無常損失亦是 0。

　　A 價格下跌 10%，B 不變，無常損失為 0.11%。

　　A 價格下跌 50%，B 不變，無常損失為 5.72%。

　　A 價格下跌 90%，B 不變，無常損失為 42.5%。

　　最後，來一個極端例子：

　　A 價格下跌 99%，B 不變，無常損失為 80.2%。

---

92)　　WhiteboardCrypto - Impermanent loss calculator

LUNA：比極端還極端 10,000 倍

上完無聊的數學課，是時候放到 LUNA/OSMO LP 的例子實際應用了。

假設——強調以下是為求計算方便的假設數字，不要再胡亂推算我的資產了，我不特別富有，總之剛好「財務自由」就是——我投入 LUNA/OSMO LP 時，LUNA 100 美元，OSMO 10 美元，於是 1,000 LUNA 需要對應 10,000 OSMO，讓兩邊等值 10 萬美元，以符合 LP 的需求。

提供流動性給 LUNA/OSMO LP，每天可收取 OSMO 回報，而上月的年回報（APY，annual percentage yield），換算下來約 100%，這就是流動性挖礦，戲稱「務農」。回報是以 OSMO 派發，不看好的，也可每天自行轉成其他幣種。

參考上面我以為足夠極端的例子，假如 LUNA 下跌 99%，OSMO 帶來的 100% 回報依然可以蓋過 80.2% 的無常損失，這是我這個投資決定背後的安全網；從結果看我雖然敗得一塌糊塗，但過程倒也不是亂來的。

現在回看當然知道，我那設在 LUNA 下跌 99% 的安全網，就像拿個氣墊去救 99 樓跳下來的人一樣，照樣摔個血肉模糊。LUNA 的現價約 0.0001 美元，相對 100 美元的高位，跌幅爲 99.9999%。換言之，LUNA 的跌幅，比起我那極端的假設，還要再極端 10,000 倍。別以爲那一堆 0 字和 9 字是隨便打而已，那都是認眞算過的，我已再三覆核，雖然還是不敢確定沒多了或者少了，畢竟極端得我眼都花了。大家有興趣大可覆核一下。

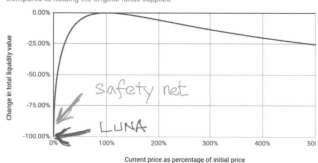

source: Uniswap: A Good Deal for Liquidity Providers? [93]

在這情況下，OSMO 的價格變化忽略不考慮，我在 LUNA/

---

93)　　Uniswap: A Good Deal for Liquidity Providers?

OSMO LP 裡的資產，從原來的 1,000 LUNA 和 10,000 OSMO，變成了 1,000,000 LUNA 和 10 OSMO，市場價從原來的 20 萬美元，下跌 99.9%，剩 200 美元。5mil x 100 = 5 億美元，這就是賺到了「5mil LUNA，高位時相當於 5 億美元」的真正意思。

如果以上還是不夠簡單，這樣理解好了。我把 5 A 和 5 B 投放到 LP，讓人可在 Apple 和 Banana 之間自由兌換，也從中賺取手續費等回報；沒想到全世界 70 億人都以 A 兌換 B，結果我的 5B 幾乎全被換光光，卻得到極大量的 A，但這時的 A 已經一文不值了。

我以為「無常損失」詞不達意，卻原來只是我一直沒有搞懂它的奧義——世事無常，你可能招致全額損失。

無常損失是個新概念，並不存在於傳統金融，而是 DeFi 典範才出現；說穿了，所有人都在邊做邊學。我們固然不應忽視它，卻也不必對它過於恐懼；最理想的是像解剖般，把它看過一清二楚，作出理性判斷。[94]

---

94)　原文刊於《區塊鏈社會學》週報第 49 期，2022.05.27

Impermanent Loss Calculator

Token A	Token B
1000	10000
100	10
$100000	$100000

Total Invested

200000

Price Change

-99.9999	0

Liquidty Pool Value

Output After Price Change (Token A)	Output After Price Change (Token B)
1000000	10
0.0001	10
100	100

Value after Price Changes

200

HODL Value

Value Not Invested (Token A)	Value Not Invested (Token B)
1000	10000
0.00010000000000331966	10
0.10000000000331966	100000

HODL Value

100000.1

Value in LP

200

Value HODLing

100000.1

Difference

-99.80%

impermanent loss calculator

密碼貨幣寒冬中可以做的五件事

比特幣從一年前的高位，至執筆之時已回落八成半，以太幣更是回落九成以上。全球人員最多區塊鏈軟件公司 ConsenSys 昨天裁員 13%[95]，主流貨幣 Steemit 裁員七成[96]，還有多不勝數的公司裁員、項目倒閉。今天的寒流只延續幾天，大不了可以預計的幾個月，密碼貨幣的寒冬卻沒有人知道持續多久。不過除了裁員，寒冬中還是有更值得做的五件事。

一、次要的事

是的，做次要的事。市場蓬勃時，我們不斷衝刺，每天趕死線，清掉優先列表頂端的一項，馬上又會有新的最優先出現。那些次要的撰寫文檔、重構代碼、改善結構、縮短工作流程、提升性能，一直都留在次要位置，排在第二跟排在一百其實沒有區別，反正單是首要的一項已經讓人忙不過來。節奏總算慢下來的寒冬中，還不趁機處理好各種次要的事，次要只會永續。

---

95)　Coindesk: ConsenSys Confirms Layoffs, Projecting 13% of Staff at Startups to Be Cut

96)　Coindesk: Steemit Lays Off 70% of Its Staff, Citing Crypto Bear Market

二、讀書

「被次要」的又何止工作而已，個人層面，只會更多。倒不如說，在香港個人相對工作，一整個都是次要。有多久沒帶父母出外走走，多久沒問候朋友，多久沒更新博客，多久沒完整讀一本書？所謂書其實是指知識的載體，如會計原則說的「substance over form」[97]，是否實體書不重要，甚至也不需要是電子書。過往不是一直沒時間讀比特幣[98]、以太坊的白皮書[99]麼？現在正是時候。

三、沉澱

業務和個人成長好像火鍋，開著猛火，不斷投放，一直搞作，各式材料只會混雜一起，糾纏不清，吃得多好的都消化不來。調至文火，稍事片刻，沉澱下來，才能看透全局，弄清自己的底子，去蕪存菁，計畫下一步。

四、運動

毛澤東也有對的時候，起碼他說身體才是革命的本錢。其實何

---

97)　Wikipedia: Substance over form

98)　Bitcoin: A Peer-to-Peer Electronic Cash System

99)　Ethereum: A Next-Generation Smart Contract and Decentralized Application Platform

止，不搞革命，身體一樣是本錢。就算不考慮爲春天做準備，重新鍛鍊好「被次要」的身體，也是生活的基礎。沒有生存，哪有生活。

五、相信

不是每個人都該相信加密貨幣和區塊鏈，沒有足夠的認識和歷練就相信，那也不過是盲從附和，而寒冬正好提供歷練，也給予我們時間進一步認識區塊鏈。

即使不炒股，不投資，也不妨看看亞馬遜上市二十年的股價圖，驟眼看，那是一條不斷上升的線，像個山，得把區間收窄到 1999–2001 年，才會看出亞馬遜股價在兩年間從個位數升到百位，又從百位掉回個位，但在當下千位的比例下，那個超過九成的跌幅已經變成輕微起伏。

Amazon.com, Inc.
NASDAQ: AMZN

1,629.13 USD −70.06 (4.12%) ↓
Closed: 7 Dec, 7:40 pm GMT-5 · Disclaimer
After hours 1,622.22 −6.91 (0.42%)

| 1 day | 5 days | 1 month | 6 months | YTD | 1 year | 5 years | **Max** |

1,952.07 USD Sep 7, 2018

　　不是要相信自己或者各種幣都會像亞馬遜，客觀上大部分 2001
年後就沒有然後了。要相信的其實是長線而言，價值還是會反映在價
格。價值和價格脫鈎在短線是常態，各界初發現潛在價值時怕錯失機
會蜂擁購入引致價格快速上升，價值無法於短時間追上價格，就是泡
沫；大夥失去信心失去耐性，就是泡沫爆破。互聯網的經驗告訴我們，
爆破後才是做靜下心做開發，建立價值的開端。說來輕鬆，實行起來
卻像希臘神話中往冥府拯救亡妻尤麗狄絲，被哈迪斯要求決不能回頭
的奧菲斯 [100]，稍有懷疑馬上前工盡廢，極度困難。

---

100)　　妖界誌〈譜出悲曲的天琴座——奧菲斯的故事〉

　　我沒有亞馬遜創辦人貝佐斯的驚人意志力，堅定相信區塊鏈只因一切都是那麼似曾相識。我從 1999 年起做手機遊戲，到蘋果推出 iPhone、App Store、內嵌收費，已經是 2009 年，然後市場起飛，中間曾被質疑過多少次，早就記不清。

　　常被問爲甚麼強調推動的 LikeCoin 是個十年計畫，是不是隨手拈來一個流行語「十年」；其實，那不過是人老了，理解到成就一件小事需要十年時間，僅此而已。[101]

---

101)　　原文刊於《明報——星期日生活》chungkin Express 專欄，2018.12.09

第六章　身份

錢包是進入區塊鏈世界的入口，也可說是人們在區塊鏈上的身份。不過在享受無大台的同時，記下助記詞，保管數位身份與資產的重擔也回歸到個人身上。區塊鏈背後邏輯是數學，當前錢包或許還不夠好用，但認為錢包不夠安全，卻是一種誤解。

You are what you spend

英文裡面有個常用句式，You are what you X。文青相信 You are what you read，在意自己讀、不讀甚麼書，也透過看人讀甚麼書，推演對方性格；時裝設計師會說 You are what you wear；食評家會強調，You are what you eat。那個 X，就是群體最重視的東西。

談完英文談中文。略懂普通話都知道，粵語說的「銀行戶口」，普通話叫「銀行帳戶」。戶口這個詞在普通話也流行，但指的是戶籍，即在哪裡出生或者居住，隸屬哪個行政區管理。如果港人跑去中國大陸或台灣的銀行說要開「戶口」，很容易鬧笑話。

粵語：「戶口」＝「帳戶」

如果說 X 就是群體最重視的東西，戶口在華語指個人身份，而粵語卻指銀行帳戶，或多或少反映這個群體最重視的正是資產，就是錢—— You are what you spend。你能動用甚麼資產，代表你是誰。與其說我在批評港人現實，不如說我在誇讚粵語精妙。並不是港人才認為錢最能反映身份，而是只有粵語才會如此運用。

身份很虛幻，資產很實在。「我是誰」是個哲學問題，除了煩惱的維特和「無間殖民」的港人會因此迷茫，多數人或許很少思考身份問題。但有多少資產，可以花多少錢，卻是清晰的帳目，具體非常，每個人都在意。

看到這裡或許有人嫌我本末倒置，認爲事實是身份先於資產。怎樣理解都沒所謂。總之，你要證明自己的身份，最主要還是爲了證明持有資產及相應使用權，身份跟資產密不可分。

無間道：「我係差人。」「邊個知呀？」

最近流行續領 BNO[102]，聽說有人要因此找回咸豐年的「出世紙」。我們習慣以簽名、蓋章來證明個人身份；還覺得不夠嚴謹的話，會使用身份證、護照或其他政府部門發的證件。不過在《無間道》的經典天台劇情中，梁朝偉說「我係差人」（我是警察），劉德華回「邊個知呀？」（誰知道呢），皆因劉德華已經改掉數據庫紀錄。

身份，不過是硬盤裡面的 bits，只要掌握權限的人指頭一動，差人身份可以馬上消失，局外人也可以一鍵變差人。掌握所有人的帳戶

---

102)　British National (Overseas) passport，英國國民（海外）護照。持有 BNO 的港人及其家屬得申請赴英讀書或工作。

紀錄，亦即是對所有人的資產予取予攜。政府當然會說這樣能打擊罪犯，但假如政府就是最大威權，甚至最大罪犯，顯然人民只能自求多福。

　　不想這樣，可以怎樣？不需要想得很科幻，只要想像古代沒有數據庫、山高皇帝遠時，個人如何證明自我身份？答案是，找親戚、朋友、鄰居當證人。在現代互聯網的語境，這叫社群證明（social proof）。以太坊的手機錢包應用 Argent，就是利用這個簡單原理，讓用戶指定守護者（guardians）。當用戶手機遺失的時候，由守護者按鍵暫停帳號，並且在適當時候重新激活帳號。

　　換言之，不同於當代社會體系的基本假設，個人必須以政府發的證件證明身份，Argent 透過守護者的機制實現了「自我主權身份」（self sovereign identity）。嫌這個說法太學術的話，這樣理解就好：一個人可以不需要靠任何政府和組織，「由自己證明自己是自己」。

　　談到這裡，「離地帳戶」意味著甚麼，就多了一層重要解讀。[103]

---

103)　　原文刊於《蘋果日報》專欄 #decentralizehk 2020.08.11

投奔怒海：保命靠黃金還是 24 個英文字？

過去半年跟朋友的飯聚，每頓飯都談起移民，沒一次例外。偶爾還有諸多我聽不懂的細節，如怎樣計分、英文考試、比較國家等，像選購國家攻略本似的。

自己雖然選擇留守，但從來不勸人留下，對於年輕而遲疑的，甚至會鼓勵多看看世界。國界而已，踏出去，跨進來，沒甚麼大不了，何必困死自己。有人賴死不走卻不斷出賣這個地方，也有人離開後更進一步幫助香港，假如離開的朋友繼續演繹香港價值──希望不是透過第一時間炒樓──未嘗不是某種意義的「decentralize hk」。

昨天又是一場餞行飯聚，但朋友 R 並非移民，只是去德國唸兩年碩士。當然碩士後 R 又可唸博士，博士後又可以找工作，對於有能力有志向的年輕人，以香港的學術環境和社會氛圍，真沒甚麼回來的原因，除非志向和能力遠大得要改變這片土地。但即便是要帶來改變也不必急在一時，不妨先充實自己，累積實力。

要留學先買金

扯遠了，想談的其實是跟 R 的閒聊中的一個細節。

R 提到，早前在上環利昌買了 1 兩金粒，其母關心能否在德國兌換云云。這小事引起了我的興趣，八卦地詢問細節，買金的過程如何、1 兩即是多少盎司、怎樣存放、有多大粒等；R 選出碟中最小的一片魚骨頭，比劃著回應。

近年我一直推廣密碼貨幣，清楚它要盛行的瓶頸所在。如果使用者要完全掌握個人資產，就要保存一組 24 個字的助記詞，一旦丟失等於失去所儲資產。這是密碼貨幣的經典用法，但助記詞相對以太坊的手機錢包應用 Argent 等進階工具，就好像筆算之於計算機、手檔車之於自動波。後者更符合大部分人使用習慣，唯有堅持理解原理的，才願意先學懂前者。

R 買金粒讓我大惑不解在於，一位年輕學者，為甚麼會選擇如此古早的方式儲存價值，又何以不擔心丟失只有一小片魚骨大小的金粒。原來背後有個故事。話說 R 母經歷過越戰年代，有認識的朋友從西貢坐船來港（說時我居然笨得跟 R 釐清指的是哪個西貢），而友人之所以能上船保回一命，全靠有金粒在手好給「蛇頭」。此事像電

影 Inception 中的夢境，一直潛伏於 R 母的底層概念，讓 R 母深信動亂之時，能夠保命的是黃金。而 R 不知是爲免母親擔心還是也抱有同一執念，遂買點實金傍身。

港人投奔怒海

我作爲密碼貨幣擁躉，寫到這裡理所當然的發展似乎是筆鋒一轉，勸 R 該帶上比特幣。非也，事實上我完全尊重 R 母的傳統智慧和理解 R 的選擇。

我提倡善用數位科技尤其是密碼學和區塊鏈，把破除「實體和強權等於眞實」的迷信，以及釐清「數位和群衆等於虛假」的誤解視爲己任。然而，假如我把所有實體資產視爲多餘，顯然只是另一個極端的迷信。雖然我暫時還不擔心 R 需要用上金粒偷渡，但有備無患，我十分認同。

況且，誰能一口咬定 R 母多慮？世界變化之快，遠超我們的想像，八十年代的香港因爲越南難民問題而煩惱，「不漏洞拉」[104] 是一整代人的集體回憶。許鞍華的《投奔怒海》，奪得第二屆金像獎最佳電

---

104) 八十年代，由於越南船民湧到香港，政府不斷透過越南語廣播勸喻離開本港水域。 「不漏洞拉」是廣播中越南語的粵語音譯。

影、最佳導演、最佳編劇等五大獎項[105]。誰能預料，才幾十年光景，香港人竟然淪為主角。投奔怒海者生死未卜[106]，各方聲援，國際斡旋，反而當權者幸災樂禍，落井下石，豈能不叫港人痛心。[107]

---

105)　維基百科：《投奔怒海》

106)　維基百科：12 港人案

107)　原文刊於《蘋果日報》專欄 #decentralizehk 2020.09.22

社交工程：與其破解保險箱，不如騙取鑰匙

　　區域法院上週審理一宗騙案[108]，比特通創辦人涉嫌騙取一名投資者 1,000 比特幣。我看了多份報章，從不太統一的報道內容，整理出八卦以外，值得關注的一點。

輕鬆騙取 1,000 比特幣

　　案情相當簡單，事主 2013 年起投資比特幣，持有 1,500 比特幣，並於 2017 年使用比特通 Blcex 出售比特幣，更在講座中認識時任 CEO 的被告。被告以事主比特幣數量多，存放於冷錢包較安全為由，協助事主把 1,000 比特幣轉移到 Trezor 冷錢包。然而轉移後 1,000 比特幣卻不翼而飛。事主報案後，警方在被告家中保險箱搜出可轉移事主資產的 24 英文字助記詞，並從區塊鏈紀錄追查到 1,000 比特幣被轉到被告擁有的錢包地址，其中有 180 比特幣已經賣出，套利 668 萬港元和 58 萬美元，被存入被告的四個銀行帳戶。

　　期望 juicy 內容的讀者大概失望，沒有高科技，沒有曲折離奇，

---

108)　　《明報》：〈「比特通」創辦人涉騙千個比特幣〉

只不過是非常簡單的社交工程（social engineering）。「橋唔怕舊，最緊要受」，相對於高科技破解，社交工程才是資訊安全中騙徒最常用的手法，或者至少是混合使用，騙一部分，駭一部分。

我們將再進一步討論24字助記詞的原理，但要了解這宗非常 low tech 的騙案，無需懂比特幣的原理，只需要將案中的關鍵，24字助記詞理解為鑰匙即可。用人話說出來，這騙案不過是被告跟事主說：「你這麼多錢，放在銀包不安全，我幫你買個保險箱吧。」事主說：「好的，謝謝！」然後把錢放進被告提供的保險箱並保存鑰匙，卻沒考慮到，被告事前就已經複製了一份鑰匙。

機器是死的，人是生的

社交工程之所以管用，是因為這往往是最脆弱的一環。俗語說「機器是死的，人是生的」，一般是褒獎人類懂得變通，但說到資訊安全，「變通」正正是問題所在。如果是碰到機器，鑰匙不對就不能進，哪怕只差一丁點、努力了一萬次，甚至眾人皆知鑰匙持有者就是資產的擁有者，結果都一樣。

但是人不一樣，懂得「變通」。假如你是守門人，當對方爛身爛世，或者態度惡劣，鑰匙對了你都會格外懷疑。相反當對方形象討好，貌

似可靠，很多人感覺舒服了，自然會提高信用指數，中門大開，甚至補上一句「我最擅長睇人」[109]。

說到駭客，一般人總是聯想穿 hoodie 戴帽子、油頭垢面、不善言辭但技術了得的宅男，那顯然是刻板印象。實質上，身光頸靚，善於跟人打開話題，獲取信任的，就如荷李活大片中，里安納度（Leonardo DiCaprio）、佐治古尼（George Timothy Clooney）等形象，即使對技術一竅不通，也能騙到大量世間財。鑽研怎樣打開夾萬[110]，還不如想辦法取信於鑰匙持有人。

這新聞雖然毫不起眼，但牽涉的金額比很多轟動案件都要大，事主「女投資者」——好幾份報章都不必要地在投資者前加個「女」，強化其大媽形象——被騙 1,000 比特幣，今天市值超過 1 億港元，更別說事主還持有至少另外 500 比特幣。有趣的是，未知是記者寫法偏差還是法例使然，事主索償的是 5,000 多萬港元，要是法庭真的判定賠償以港元計，卻又用上去年舊價，被告不妨馬上賠款了事，淨賺 5,000萬。

---

109)　　「我最會看人。」
110)　　即「保險箱」。

　　案件中，不論是事主還是被告，讓人感嘆，香港高手在民間。一天到晚聽財演給「冧把」，小打小鬧賺點差價的，建議不如去聽審，找機會問問事主下一浪看好甚麼。[111]

---

111)　　原文刊於《蘋果日報》專欄 #decentralizehk 2020.11.03

24 英文字助記詞——區塊鏈世界的藏寶圖

上文寫到本地一宗騙案，區塊鏈公司老闆騙取客戶 24 英文字助記詞，偷取 1,000 比特幣，時值 1 億港元。這個「時值」是兩週前的事，到本文截稿這一刻，已經接近 1.3 億港元。24 英文字寫在一張紙，輕飄飄的似有若無，卻可價值連城，因此之前也寫過，走難除了帶金粒，帶 24 字是另一可行選擇。

上次把這 24 字類比為保險箱鑰匙，是比較普遍的理解。對 24 字另一理解是密碼，這個類比簡單但其實錯誤，雖然區塊鏈的核心是密碼學，但密碼學的「密碼」卻並非我們日常用的密碼。想理解 24 字的原理，不妨把它想像成一幅藏寶圖。

what3words：把地球分成 57 兆等份

先來玩個小遊戲：首先，我把一枚金幣握在其中一隻手，左或右，猜對了你就能得到金幣。顯然，只要猜一至兩次，你就能找到「寶藏」。

現在，我找來藥材舖用的櫃桶，共 100 個，我把金幣放到其中一個，難度提高不少，但你依然會覺得很簡單，大不了猜 100 次，你總

能找到寶藏。

但是，如果我把地球表面分成 57 兆份，然後把金幣藏到其中一份呢？雖然原理跟前面兩個情況一樣，但你恐怕要找上一輩子。

原來，這世界真的有人把地球表面分成每格 3×3 米大小的方塊，共 57 兆等份（57,000,000,000,000），再為每方塊取一個唯一的名字。透過猶如「first name、middle name、last name」三個英文字，每個英文字提供 40,000 選擇，已能產生 64 兆個組合。

這個極具創意的服務叫 what3words，智能手機就能下載，也可直接到 what3words.com[112] 使用。有了這個服務，我可以約大家在 cobbles.including.embraced[113] 相見，大家只要把這三個字輸入到 what3words app 或網站，就能清楚知道位置，準確度達 3×3 米。

透過 what3words，情侶可記著首次牽手的地點，朋友可約在郊野公園難以說清的一個具體位置見面。而事實上，在空曠地區指定位置正是 what3words 的其中一個主要的使用場景。當然，經緯度更為

112)　https://what3words.com/
113)　https://what3words.com/cobbles.including.embraced

廣泛使用，定位也更加精準，但試想像你在山上迷路，透過微弱的手機訊號發出 3 個英文字短訊，就能提供足夠精確的位置求救，有多大價值。現時，英國的多數救援服務，接受 what3words 提供位置。

助記詞：把數位世界分成 3×10^{79} 等份

回到正題，透過類似 what3words 的原理，只需 3 個英文字，就能代表一張藏寶圖，達到既讓持有者準確定位，又讓其他人極難找到的效果。說到這裡，24 英文字為甚麼能「藏著」個人資產，答案呼之欲出。從某個角度說，你的資產只不過是像「無掩雞籠」般擱在那裡，關鍵是這個「那裡」究竟在哪裡，可能性多得其他人窮一生都找不出來。

你或許會疑惑，雖然人手找不到，但電腦呢？我們不妨算算。助記詞的字典包含的字比 what3words 少很多，只有 2,048 個，但儘管如此，24 個有 2,048 可能性的英文字，已經是 3×10^{79} 個組合，即 3 後面 79 個零，全寫出來的話，這稿件馬上夠字數了。稿費真好騙。

假設 1 顆內核 1 秒鐘能試 1 兆個組合，1 顆 CPU 100 核、同時使用 100 萬台電腦計算，再假設 1 分鐘有 100 秒（是的 100 秒，比較方便：）、1 小時 100 分鐘、1 日 100 小時、1 年 1000 日，那麼，要試出 24 英文字藏寶圖的位置，也只是消去了 29 個 0，即還需要

3×10^{50} 年，3後面 50 個 0，才能破解出寶藏的具體位置。

　　由此可見，哪怕你是李嘉誠，24 英文字助記詞用作收藏個人資產的藏寶圖，已經足夠保險。眞正的關鍵在於，我們該如何保管這 24 個字。[114]

source: what3words

沒有秘密，不構成私隱不重要的理由

　　農曆新年期間，拜年之際，看著「安心出行」[115] 的宣傳，長輩對社會上對私隱的關注不以為然，表示「又不是甚麼大人物，學人談甚麼私隱」。

　　年紀不小但輩份最低的我忍著不發作，把最溫和「此言差矣」都嚥回喉嚨。此文是我的告解，作為有機會讀書和看世界的後輩，我忽略了理應承擔的責任，沒有手把手帶著長輩跟上時代的演進。

我不看電視所以看電視權不重要？

　　長輩的誤解非常典型，對於這種論述，踢爆美國自 2007 年起進行的「稜鏡」監控計畫的 Edward Snowden[116] 一針見血：「Arguing that you don't care about the right to privacy because you have nothing to hide is no different than saying you don't care about free speech because you have nothing to say.」[117]

---

115)　https://www.leavehomesafe.gov.hk/tc/

116)　Wikipedia: Edward Snowden

117)　Wikipedia: Nothing to hide argument

　　諷刺的是，在香港，對方可能會因為自己確實沒甚麼要說，而論證言論自由並不重要，一句話 K.O. Snowden。讓我嘗試把理解的門檻進一步拉低：以自己沒甚麼敏感資料論證私隱不重要，就好像我以自己完全不看電視，論證看電視的權利不重要。

　　我很難想像，在看文章的你連銀行帳戶密碼都沒有；又或者，住所大門長開，書信往來全用明信片，其他人任看無妨？無論多麼人微言輕，每人都有屬於自己的私隱。私隱不同於秘密，私隱是不希望全世界都知道的資料；而秘密或者瘡疤，則是希望全世界都不知道的事情。

　　別說是重視私隱倡議者，即使視私隱如糞土的 Facebook，都會讓用戶選擇張貼訊息的公開程度，比如地球 post、朋友圈，還是更仔細的選擇。所謂私隱權，就是選擇向誰揭露個人資料的權利。如此簡單的常識，誤解卻非常普遍。[118]

保護私隱是權利也是義務
　　再退一萬步，就算你真的喜歡把三圍、住址、電話號碼、身份證

---

118)　A Cypherpunk's Manifesto

號碼、資產和所有其他個人資料公開，那也只是你的個人選擇，私隱權對社會依然重要。忽視私隱的人必須知道，你個私隱不只影響你，更影響你身邊的人。如果你的通訊錄與個人資料隨便公開，非法份子就可以模仿你的聲音，打電話給你父母，騙取金錢。

意識不到個人資料的價值，大概也不會從更廣的層面考慮，數據早已成為新世紀的石油。絕大部分的 Facebook 用戶都跟你和我一樣，只是小人物。「小薯不用講究私隱」論述認為，小人物的每句說話、每個點擊，本身無關痛癢，然而，當幾十億用戶的數據集合起來，配合機器學習，就能提煉出非常重要，極度有價值的資訊。數據之所以是石油，因為它為人工智能提供石油，也是鑄造洞見的燃料。

數據可以讓生活更便捷，但政府也可以用數據監控人民，而且精細程度比《1984》[119] 還要高一百倍，畢竟現在已是 2021。因此，即使為了公共利益妥協私隱，都需要極力避免大量個人資料匯聚到單一組織之手，無論是任何組織。更何況，現在的主角是連六十萬人投票的公民運動都可以強行定性為反動顛覆的政府。

---

119)　　Wikipedia: Nineteen Eighty-Four

　　即使是形象最良好，「非政治」官員要求市民相信政府都都沒有意義。更何況即使真的純粹善意，程序有 bug，伺服器有漏洞才是資訊科技的常態。「Don't trust. Verify.」並非犬儒被動，而是積極求真；信任源於可驗證，唯有開放源碼，接受查證和監察，信任方可逐步建立。

　　「安心出行」宣傳語一語中的：抗疫人人有份。然而，對抗數據極權，避免資料被匯集濫用，又何嘗不是人人有份？[120]

source：安心出行網頁

---

120)　　原文刊於《蘋果日報》專欄 #decentralizehk 2021.03.09

| 第七章 | 挖礦 |

挖礦就是創造價值的過程，在密碼貨幣的語境中也不例外。取得密碼貨幣的方式有很多種，從最早期的挖礦、紅極一時的 ICO，再到近期的邊「玩」邊賺、空投，趨勢不斷變化。不變的是，唯有實際參與、理解專案，才能當一個對區塊鏈生態發展有所貢獻的「礦工」，創造價值。

價值創造：本來無一物，勞動力結晶

區塊鏈的世界有很多容易引起誤解的用語，「挖礦」是其中之一。
我嘗試從幾個層面，去講清楚挖礦到底甚麼意思。

物理挖礦：用鏟子尋找價值

第零個層面，挖礦是拿個鏟子去挖泥，找出裡面的礦物，也就是
有價值的部分。

你一定以為我在開玩笑，這個誰不知道呢，不理解的是區塊鏈用
語裡面的「挖礦」。但我卻是認真的，回看「挖礦」一詞在傳統世界的原
意，有助了解它在區塊鏈世界的新解。

對社會來說，挖礦所得的回報是全新創造的，本來並不存在，這
是從無到有的過程。礦工能賺錢，是因為提供了新的資源，產生了新
的價值。當然現實上，賺錢的是礦場老闆，礦工的薪資可能只夠糊口，
甚至工業安全都沒有保障，但這裡就不展開資本階級和無產階級的討
論了。

相對於挖礦創造出全新的價值，提供商品和服務則是增值的過程。無論是優良的商品設計、送貨到府，還是貼心的售後服務，都是建基於現有的產品或服務提供額外的價值。

比特幣挖礦：用算力記帳

理解了以上的解釋，就能體會中本聰為甚麼把架起伺服器幫助社群記帳這種行為稱為「挖礦」。在比特幣區塊鏈，伴隨著每個新區塊都會產生出全新的比特幣來回報礦工，這些比特幣原本在生態中並不存在。礦工幫助社群記帳算是為比特幣區塊鏈提供公共服務，因此挖礦回報並非由個人為服務埋單，而是由整個群體的所有人為新產生的價值埋單。

依照中本聰的記帳設計，礦工要破解一條相當花時間與算力，只能透過不斷試錯尋找答案的數學題。試錯就像挖沙子，成功解開數學題就是在沙子中找到礦物，過程中所消耗的時間、電力和算力就是礦工的工作，因此這個機制稱為「工作證明」（Proof of Work，PoW）。

每當有一個區塊被「挖出」，系統會新鑄造一定數量的比特幣，獎勵第一個找出答案，且答案得到其他人確認的礦工。整個過程跟物理挖礦非常相似，挖到礦產的關鍵是勞力，還要帶點運氣。運氣的數學

名稱不過就是「機率」，長線而言自然會扯平，在勞力達到一定水平的前提下，每位礦工的回報理應接近。

區塊鏈挖礦新典範：權益證明

比特幣的發明，無疑是人類儲存和交換價值的一大突破。然而作為第一代可用的分散式帳本，也有著交易時間長、容量低、大量耗電等缺點。

因此新一代的區塊鏈一般都使用改良的挖礦機制，其中最主流的是權益證明（Proof of Stake，PoS），第二大區塊鏈以太坊也正從工作證明過渡往權益證明。

權益證明，用淺白但非常粗疏的說法，就是用錢投票。解釋清楚一點，是所有負責記帳的礦工，都需要押進一定數量的幣。如果礦工所記下的帳目跟大部分人不同，會被視為不正確。無論礦工是蓄意作弊，還是技術故障，輕則得不到報酬，重則被扣除押下的權益。這驅使所有人正確記帳，反過來說，就是防範礦工出錯或作弊。

從勞力到算力，現在又到財力，類比開始扯遠，因此業界通常不把為權益證明區塊鏈記帳的人稱為礦工，而會稱為驗證人

（validator），或者更中性地稱爲節點（node）；而相關行爲也不一定稱爲挖礦。

有人堅稱權益證明並非使用算力，因此不該稱爲挖礦；但我認爲產生出社會上本不存在的新價值，才是挖礦這個類比的關鍵。再說，按照以上邏輯，豈不是傳統社會也該因爲比特幣節點並非使用鏟子，而堅持那不該稱爲挖礦？

無論是「錢包」、「鑰匙」、「簽名」或「挖礦」，都只是透過舊有概念認識區塊鏈的類比而已，貼切就可，實在沒必要堅持只有始祖比特幣的方式才配得上挖礦這個說法。

X-to-earn：種瓜得瓜

除了 PoW 和 PoS，透過做 X 而獲得對應的通證，幾年下來還出現很多不同的演繹。如今這種做法已經很少被稱爲挖礦，近期更流行稱 X-to-earn。

比如當下最流行的 STEPN 的 move-to-earn，用戶走路和跑步可賺取通證；Axie Infinity 等衆多遊戲的 play-to-earn 等。套用這個邏輯，我在 2017 年共同創立的 LikeCoin，也可以稱爲 write-to-earn，只是

當時還不存在這種說法而已。因此白皮書中我用了「創造力證明」，Proof of Creativity 的論述，來描述透過創作為社會提供價值，同時賺取 LikeCoin 這個概念。

跟工作證明及權益證明不同，X-to-earn 的 X 並非協助記帳。另外，相對於前者每產生一個區塊均會生成新的通證給礦工，X-to-earn 模式向提供價值的使用者所發的通證，一般是預先鑄造（pre-mint），託管在項目方的錢包。基於這個區別，業界漸漸使用挖礦以外的另一個說法，也確實有助說明概念。

空投：意料之內的意外之財

把概念繼續延伸下去，跟 X-to-earn 很接近的還有空投，兩者都是提供通證予做了某些被視為有價值的行為的使用者。

區塊鏈產業中，空投多為一次性，出發點是為了推廣及獎勵早期參與者，而 X-to-earn 則通常是個持續的核心設計。另外，相對於 X-to-earn 模式中的「明碼實價」，空投的條件一般不會提前公開，而會在毫無先兆的情況下宣布，並以用戶過往的鏈上行為作空投條件的判斷。空投這回事並不在用戶的預期，甚至有些時候不在項目方本身的預期，而是發展到某一點才想到的部署。

就空投的出發點而言，用戶不知就裡是個優點。因為空投是為了獎勵早期參與者，越是對空投及相關條件沒有預期，用戶的行為就越貼近實際使用狀況，也越可能是出於真心支持項目團隊。不過，當空投成為不同項目都使用的手法，偶爾還會出現相當高的額度，「空投獵人」也越來越多。空投獵人預估某些潛力項目日後會空投，投機參與這些項目，並因此作出五花八門的鏈上參與，從執行一個簡單交易到社群治理都有。

空投獵人本來無可厚非，不過也讓空投的驚喜感與威力大大降低，用戶得到空投變得理所當然之餘，項目方也再難以分清真心假意，透過「忽然空投」獎勵真心的早期用戶這一招，已經開到荼蘼。

儘管如此，只要避免太過抱著投機的心態，或者不切實際，忽然會獲得一大筆空投的期望，慎選新項目，學習、試用、參與或以其他各種方法支持，持之以恆，總能得到意外驚喜。

Learn to earn 這個「挖礦機制」，從來不騙人。[121]

---

121) 原文刊於《區塊鏈社會學》週報第 50 期，2022.06.03

錢從天降不是夢，密碼貨幣空投好康

如果我說，單是過往各種密碼貨幣專案贈送的幣，就夠我吃好幾年，你能不能答應不要揍死我？因爲，那是事實。

這是所謂的「空投」。區塊鏈產業牽涉很多新概念，命名往往類比傳統生活上的概念，比如挖礦、油價等。把這種向陌生人大灑金錢的手法稱爲空投，典故是二戰時以運輸機由空中投下食物等補給品給士兵和難民。

很多人誤會空投只是如香港的「幣少」般，在深水埗某大廈的天台灑鈔票，旨在吸引途人注意和媒體報導，炒作一番。但其實區塊鏈的空投大有學問，執行得宜，不但收到空投的用戶大賺一筆，專案本身也能擴大用戶量，並加強社群互動，做到各方多贏。

以下我以親身參與的實例，解釋幾種空投的邏輯。無可避免夾帶小量術語，但不懂技術無阻理解。

Osmosis：Fairdrop

Osmosis 是首個基於 Cosmos 的無大台交易所，讓用戶自由兌換各種 Cosmos 生態幣。

Osmosis 不靠風險投資，甚至也沒有眾籌，只是以精幹的團隊寫出「最小可用產品」（Minimum Viable Product，MVP）推出社群，同步把原生通證 OSMO 空投給 ATOM 的持有人，即 Cosmos Hub 的所有持份者，一下子激活了整個生態。

OSMO 的空投很有創意，加入遊戲元素，讓 ATOM 持有人先得到 1/5 的空投金額，再透過完成另外 4 項簡單任務，一方面參與進 Osmosis 的生態，一方面領取餘下的 4/5 金額。

不單如此，為讓空投更公平（用「公義」會更精準），個別用戶 OSMO 空投數目並非單純跟 ATOM 的持份成正比，而是取其平方根，拉近貧富懸殊，再乘上有否把 ATOM 委託出去（可以理解為有否盡投票的「區塊鏈公民責任」）的加權因子。Osmosis 團隊還很有心思地以一個 f 字首，為這次空投起了個我沒法翻譯的新名字：

fairdrop[122]。

透過乾淨俐落的產品和能夠一次接觸大部分潛在用戶群的
fairdrop，Osmosis 推出還不到 3 個月，OSMO 市值已經晉身百大，
超過 10 億美元。對應 ATOM 90 多億美元市值，粗略換算，平均每持
有 10 美元等值 ATOM，可得 1 美元以上 OSMO 空投。

source: https://app.osmosis.zone

122)　Vision for Osmosis

Uniswap：大手筆空投

同樣是無大台交易所，基於以太坊的 Uniswap 鎖倉量、交易額、功能等各方面都冠絕同儕，現市值 130 億美元，全球排名 13。

然而，以上的介紹的是 Uniswap 今天的情況，2018 年底推出的時候，誰能預料？但還是有一班像我這種人，比較願意冒險——其實也沒有多險——在服務還不成熟，發展還不明朗的時期，就一頭栽進去試用，更主動的用戶更會反映意見，甚至提交修正。

也因此，當推出近兩年的 Uniswap 取得巨大成功，在 2020 年下旬發行 UNI 通證時，撥出 15% 配額空投給首 22 月的用戶，每個使用過一次或以上的錢包一律能獲得 400 UNI，提供過流動性的用戶（只需要理解是進階功能即可）還可以再獲得更多 UNI。UNI 當前幣價 26 美元，即每個錢包收到的空投今天至少值 10,000 美元，還沒考慮，很多用戶都使用多個錢包。

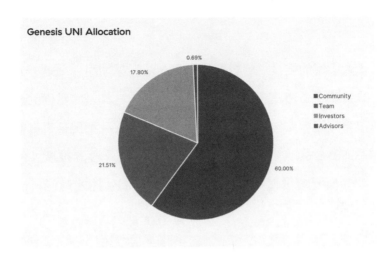

Genesis UNI Allocation

0.69%

17.80%

21.51%

60.00%

■ Community
■ Team
■ Investors
■ Advisors

source：Introducing UNI

UNI 的分配，當中 60% 裡面的 15%，用來空投給早期用戶。

　　關於 UNI 空投有段小插曲。我在前年推廣 Argent 錢包和穩定幣，自掏腰包給安裝者每人 1 美元穩定幣 USDC，製造了幾百用戶。當中有一位，用這 1 美元試這試那，後來得到 Uniswap 和另一個項目 PoolTogether 的空投。前陣子我們在 DHK dao 電報公海聊起，說他把那 1 美元翻了 1,000 倍，他笑說：「點只？」[123]。現在算一下，才知

123)　「哪會只有那麼少？」

道我少算了一個數量級。

　　如此大手筆的空投，絕對不是亂來。這批早期用戶，是一個產品最珍貴的資產。區塊鏈產品的核心就是社群，尤其是，當你的產品沒有推廣預算，沒賣廣告，沒有迎新禮遇，來的人，不但是貨真價實的目標用戶，往往還會向其他人介紹，是產品最真心的推廣大使。讓這批早期參與者成為產品的持份者，產生的價值遠遠超過付出的空投。[124]

---

124)　原文刊於《區塊鏈社會學》週報第 12 期，2021.09.17

Argent - Starknet Wallet ✅
@argentHQ

···

An Argent user in Argentina used his @Uniswap and @PoolTogether_ airdrops to repair his house 🙌

He only used a little DAI as we covered the gas.

While we can't cover all gas anymore. Ethereum is scaling. Gas won't be a barrier.

There will be more stories like this 🚀

🔵 **Romina** 🔌📻🏭 ✅ @cryptochica_arg · May 27, 2021
Replying to @cryptochica_arg
Chicos, me mandó 3 audios más 🥺😭

"Vengo de una familia humilde. Soy el primero en terminar la secundaria. [...]
Cuando entré al mundo de las criptomonedas, me sentí DIGNIFICADO.
Nosotros no teníamos ni internet. El airdrop de $UNI me lo patiné en ...
Show more

▶ 0:00 / 0:16 🔇 ⚙ 🔁 ↗

8:16 PM · May 27, 2021

💬 6   🔁 43   ♡ 217   🔖 9   ⬆

source：Twitter

一名阿根廷用戶，以 Uniswap 和 PoolTogether 空投得來的錢修葺房子。

要領空投，先學懂自主管理私鑰

除了 Osmosis 和 Uniswap 兩個非常成功的空投，再爲大家介紹另一個更加突破常規的例子：Gitcoin[125]。

Gitcoin

即使是在一衆相對傳統而言很另類的區塊鏈專案當中，Gitcoin 都顯得另類，可說是非典型中的非典型。

Gitcoin 要解決的是公地悲劇，tragedy of the commons。所謂「公地悲劇」，是借用牧羊人傾向去公共草地放牧，讓羊群吃飽才回自家草地，結果最多人共享的，所得照料最少（that which is common to the greatest number has the least care bestowed upon it），描述越是大衆所需越是沒人管的普遍現象。

開源軟件的公地悲劇，是一些底層和基礎的軟件，即使最終用戶和其他開發者極多，偏偏開發的人數卻很少，也沒有甚麼太大的回

---

125)　https://gitcoin.co/

報，Linux 可說是最好的例子。除了 Linux，還有很多著名的專案，背後都只是由幾個甚至一個人開發和維護。

Gitcoin 的解決方案，是由以太坊創辦人 Vitalik 以及區塊鏈圈內其他成功專案捐款組成配對基金，再以《基進市場》提出的平方投票法（quadratic voting）[126] 所衍生的平方募資法（quadratic funding）[127]，放大公共專案的配對捐款。

舉例，專案 A 得到 1 人捐款 100 元，專案 B 得到 100 人各捐款 1 元，基於平方募資法，專案 B 所得的配對基金將 100 倍於專案 A 所得。在平方募資法的機制下，捐款人數的重要性，遠超捐款金額的重要性，從而照顧公共項目。

稍微扯遠了，那是爲了解釋 Gitcoin 空投機制所需的背景知識。基於對 Gitcoin 理念和方法的認同，兩年以來我每個季度都會參與 Gitcoin 的配對捐款，捐點小錢支持有意義的專案，幫助它們獲得配對基金。

---

126)　chungkin Express：〈用錢買選票 社會更公義〉
127)　Finematics: How Can $1 Turn Into $27? Quadratic Funding Explained

沒想到，今年 5 月 Gitcoin 發行自家通證 GTC，與 Uniswap 做法相若，撥出當中 15% 予早期活躍用戶。因為參與了多輪捐款，我獲空投近 2,700 GTC，現時值 20,000 多美元。

Gitcoin 就是一個如此非典型的專案，不單照顧公衆利益，還要找出商業模式；不單空投，還要藉此給世界證明，好人可以有好報。

捕捉空投，不如嚴選專案

以上幾個空投的例子，大概讓人以為我是好康達人，例不錯過各種空投。其實這是誤會，我錯過的空投也不少，甚至上月才不小心錯過萬位美元等級的 dYdX 空投。

區塊鏈產業經過了幾年的發展，空投的操作已經成熟不少，不再像 2017 年般亂投一通，但求引起注意。Osmosis、Uniswap、Gitcoin 等成功專案，往往能精準地投給眞心參與、伴隨社群一起成長的用戶，多方共贏。

理論上，為了捕捉空投，我們可以投機地這個專案也看看，那個專案也看看，實際上，個人時間有限而區塊鏈專案成百上千，捕風捉影的結果很可能只會得到種類繁多的空投，卻每款只有一點點，雖然

也會值點錢，但恐怕抵不回寶貴的時間，尤其是在機會成本非常高的區塊鏈產業。

相對而言，我更建議大家尋找真正感興趣專案，長期投入時間和心力，和社群一起成長，效果定必好得多。以上提到的例子全是這樣，早期參與者並不知道未來將有空投，最終獲得空投而且數量多的，多半是真心投入的參與者。

對此，我推薦大家關注 Cosmos 生態，也就是上期提到，Osmosis 空投的目標用戶群。Cosmos SDK 既是 LikeCoin chain 的核心，也是我一直關注的生態系，信奉多鏈並存而不同的區塊鏈互通的「internet of blockchains」。

Cosmos 社群幾年來埋首建設，相對低調，到近期逐漸成熟，十幾條鏈已成功互聯，還有更多的鏈正逐步加入，而在這生態之中，不少專案都會空投給 Cosmos Hub 的持份者，即 ATOM 的持有人，除了吸引注意，也是對 Cosmos SDK 這塊公地的回饋。

就此，我整理了有計畫空投的 Cosmos 專案列表[128]，供大家參考。

Not your key, not your coin

最後，也是最重要的提醒，自己管理私鑰的錢包才眞正是你的，託管的不算。換言之，卽使「持有」大量 ATOM，但假如你的 ATOM託管在如幣安等交易所，那麼，從區塊鏈的角度，ATOM 是幣安持有的；任何給予 ATOM 持有人的空投，都是白白送了給交易所，只是它沒有告訴你而已。

大部分密碼貨幣使用者，或多或少都會用到中心化交易所。然而，無論是爲了空投、保安還是讓生態更爲去中心，交易後都應該提幣自主管理。永遠記著，區塊鏈認 key 不認人──not your key, not your coin。[129]

---

128)　https://dhk.org/airdrop
129)　原文刊於《區塊鏈社會學》週報第 13 期，2021.09.24

我領到十萬多美元空投後學懂的十件事

Ethereum Name Service[130] 前天空投 ENS，雖然金額在區塊鏈史上並非最高，但配合最近 BTC、ETH 等大幣的歷史新高，從 Domain Name Service 的 DNS 到 ENS 又很好懂，公眾關注度史無前例地高。

我領過大大小小的各種密碼貨幣空投，小的連 gas fee 都不夠付，UNI、GTC、DYDX 和 ENS 則比較可觀。碰巧四個都是以太坊生態的基礎服務，空投都是回饋早期使用者，配給我的幣碰巧都值兩萬多美元，加起來共十萬多美元，我因此把他們統稱「空投四小強」。

十萬美元不是小數目，傳統智慧會認爲「邊有咁大隻蛤乸隨街跳」[131]，但我認爲這是區塊鏈世界的特有邏輯，也是我爲之沉迷的原因。以下是我過去幾年的體會，跟大家分享。

一、先不要問社群可爲你做甚麼，而問你可以爲社群做甚麼

借用了這句特別老套的話，是因爲它特別適用於區塊鏈專案。一

---

130)　https://ens.domains/
131)　哪會有大隻蛤蟆在街上跳。指哪有這麼好的事。

幣一世界，每個區塊鏈專案都是個百廢待興的社群，需要很多人出力，才有可能終有一天冒出頭來。

當然，在決定投入心力到一個社群之前，還是需要嚴選，但考慮的應該是願景、理念和團隊等，而不是一開始就期望專案能為自己帶來好處。

二、OG 的獲益，是後來者的百倍甚至萬倍

OG 即 original gangsters，在區塊鏈世界，就是指一開始就選擇相信，投入時間、資源並且一直參與直到該專案成功的先行者。在傳統世界，如果你是 Google、Facebook 的 OG，大不了他們送你一件 tee，但區塊鏈的精髓在於改變生產關係，參與者同時也是持份者。接二連三大額空投給早期用戶，非常符合區塊鏈的邏輯，並非偶然。

承上，你當然可以等專案有苗頭，做出初步成果後再決定是否參與。但你就不是 OG，你的獲益或許也會不錯，就如在幾百美元的價位時買入 ETH，現在也有十倍以上回報，但相對於真正的 OG，還是差了一百倍。

三、人搖福薄，HODL

HODL 即 HOLD，長期持有，在這裡也包括長期投入。一早投入或投資專案還不夠，還需要 HODL 住。如果你跟 Bill Gates 識於微時，但中學時嫌他眼鏡有點土沒有再來往，很難期望他創辦 MSFT 成功後跟你道謝吧。

雖然我說領了十萬美元的空投，但別忘了領到時還不值這麼多，比如 UNI 空投時才市價幾美元很多人見幾千美元很不錯，就賣出換部 iPhone，相信當下的 iPhone 的價值大於未來的 Uniswap，他們見到 UNI 低見兩美元時大概覺得賣清很正確。

無論是升了十倍還是跌剩十分一，HODL 都是對信念的一大考驗。

四、貢獻不一定寫程式，投資不一定要用錢

有人會說「我很看好啊，不過沒錢」，或者「我很願意支持啊，不過不懂技術」，這些都不成理由。只要有心，你大可以投入最稀有的資源——時間。所謂沒有時間，就是選擇把時間花在別的地方。只要你願意付出時間，就算不懂技術，也總有能幫上的地方，比如推廣、介紹、客服、測試、文檔，甚至只是在產品還不成熟時使用它。

說到貢獻我往往於心有愧，有時我只是願意一大早就使用，僅此而已。比如 ENS，我不過是 2017 年註冊了 ckxpress.eth，拿了個 NFT，後來續費了十年而已。不過話雖如此，如果我對區塊鏈或者 ENS 有任何懷疑，會一次過付費十年麼？

相信，也是種貢獻。

五、這不是天道酬勤，卻也並非不勞而獲

而是區塊鏈的 karma。

我感恩自己的幸運，但我可不是使用了四個服務，然後就拿到四分大額空投，我也用了另外上百個服務，讀過上百份白皮書，而沒有任何收穫——如果空投才算收穫的話。投入的時間和精力足夠多，倒霉鬼都會跟運氣不期而遇。

空投四小強中，最能夠解釋 karma 和區塊鏈如何改變生產關係的專案大概是 Gitcoin。我使用了甚麼 Gitcoin 的服務得到 GTC 大額空投？每季捐款給值得支持的開源專案而已。

六、你不是精算師，不必凡事計算 CP 值

哪怕真的是精算師，也不是萬事萬物都要、都能計算投入產出比的。培養興趣，尋找意義，投入社群，幫助別人，分享心得，就已經賺到快樂的過程。區塊鏈的發展有今生沒來世，不參與在無大台的世界浪潮，失去的又何止空投而已。

我拿的 UNI 空投比單純交易過的用戶多，是因為把 MKR/ETH 放進流動性池讓人交易。不要以為那很好賺，當時可是完全沒有流動性挖礦這回事，只不過提供流動性可以幫助到社群資產流轉。獲得的交易費，則是一點無常損失就虧光了。如果去算 CP 值，這件事絕對不值得做。

七、擁抱創新，支持變革

人們常說「破壞性創新」，然而，非破壞性創新根本並不存在，立新必然伴隨破舊。變革也一樣，改變體制就會影響到既得利益者，變革失敗因此十常八九。

區塊鏈專案既是創新，又要變革，難度很高，需要多方面支持。然而專案一旦成功，生產關係得到改善，價值非常巨大，參與者同時是持份者，因此獲益也就並不稀奇。

八、可以無視但不要看扁，可以懷疑但不要否定

　　無論你學識多淵博，世界每天在變，很多事情你不懂。不看好的，別參與就是，沒必要看死別人。預測專案失敗八爪魚都懂，創新本來就九死一生，猜對專案會失敗不會讓你顯得聰明，只會讓你展示苛刻。a16z 可不會炫耀自己猜對哪個專案失敗。

　　要不是熟知情況，不要否定團隊動機，更不要責難奚落。Uniswap、Gitcoin、dYdX 和 ENS 當下的成功好像理所當然，但剛開始時看來都像異想天開，甚至荒謬騙局。創新，本來就是「無中生有」。

source：連登財經台

九、要守株待兔，不要刻舟求劍

選擇投入的專案與領域，不要選擇看來快將成功的，或者已經成功的，不然輕則 up side 有限，重則等你融入生態後，機會已經過去。

守株待兔並非貶義，那是古人的誤解。守株也毫不容易，那就是 HODL，高度考驗耐性與信念。再說，守株待兔並不代表被動，等候期間還需要好好栽種，十年樹木。

十、Pay it forward

成功和財富必然是基於很多先行者種下的因，而非單憑個人努力。沒有愛迪生和特斯拉，你哪有電；沒有圖靈，你哪有電腦。因此個人成功了，就該 pay it forward，賺到錢就回饋生態，學到竅門就授人以漁，得到地位就扶持弱勢。

總之，要把福氣傳開去。說不定，福氣繞一圈後，有一天會回到你身上，地球是圓的，Bitcoin 也是（好似係）。[132]

---

132)　原文刊於《區塊鏈社會學》週報第 20 期，2021.11.12

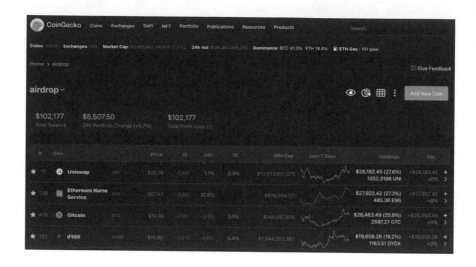

source: Coingecko

與施永青先生談比特幣

施永青先生：

　　素仰閣下學識淵博，年輕時也曾反建制 [133] ，生意成功後改以資本與地位貢獻社會，因此卽使一向對閣下許多看法未能苟同，始終懷有敬意，認定施先生並非單憑歷史機遇上位，卻自以爲是，對後人指指點點的嬰兒潮之流。

---

133)　　BBC News：〈專訪施永青：從熱血青年變成資本家，怎樣看佔中？〉

然而，閣下〈比特幣缺乏貨幣應有的特質〉[134] 一文，卻給我當頭一盤冷水。〈比〉文作者顯然對比特幣認知極度粗疏，卻大肆批評，甚至指挖礦機制「故弄玄虛」，成為當天城中笑話。施先生一向敢言，想必對譏笑毫不在意，只是，橫眉冷對千夫指的基礎該是清晰的想法和依據，斷不能建基於無知之上。

有限遊戲的邏輯

比特幣的發明者中本聰有一名句，以閣下對比特幣的認知，恐怕未曾聽過："If you don't believe me or don't get it, I don't have time to try to convince you, sorry."[135] 但我對施先生並未絕望，因此想過詳列〈比〉文的各項錯漏以供參考，然而文中毛病非常明顯，只要願意認識，隨手就能在互聯網找到答案，我因此斷定，閣下的問題不在知識水平，而在態度。

拙作《區塊鏈社會學》首章〈誤解詞典〉首節〈學習〉就寫到，很多人學不懂區塊鏈，不是因為沒學識，而是過往的學識成為他們的包袱；不是因為不擅長學習，而是太高的成就讓他們不願 unlearn。於是有些人學識越淵博（資訊科技除外）、投資組合越成功（破壞式創新的

---

134)　am730：〈比特幣缺乏貨幣應有的特質〉。網上版於刊登後曾被刪改，內文附圖為原文。
135)　Bitcointalk: Re: Scalability and transaction rate

科技公司除外），越是不懂比特幣與區塊鏈。施先生商業成就再高，恐怕還沒法跟股神巴菲特比較，巴菲特尚且不理解比特幣，施先生不懂，毫不讓我意外。

聊起投資人，Shopify Capital 的 Alex Danco 近日撰文分析加拿大的資訊科技業何以不振[136]，提到矽谷的天使投資者很多曾經參與前所沒有的創造，熱衷的是無限遊戲（infinite games）；相反加拿大的天使投資者卻受舊有框架束縛，習慣帶預設、框架明確的有限遊戲（finite games）[137]。正好，〈比〉文的論點，均是有限遊戲的邏輯，或乾脆是誤解。守著如此侷限的思維，兩個科技局加三個數碼港，帶動的都只會是房地產。

成功的不同定義

請勿誤會，我並非要勸閣下投資比特幣。資產形式那麼多，香港的房地產久盛不衰，永不沾手比特幣，也有大把優質資產可供選擇。反過來，比特幣面向全球七十億人，少了閣下甚至整個嬰兒潮世代，也不會影響比特幣的成功。

---

136)　Dancoland: Why the Canadian Tech Scene Doesn't Work
137)　Wikipedia: Finite and Infinite Games

我也不是要打賭比特幣一定能成功，況且，我倆連何謂成功的共識都沒有。對你而言，比特幣要是得不到美國政府接納，在現價之上再漲十倍，大概就是失敗吧。但在我以及廣大密碼龐克、賽博公民[138] 心目中，成功更重要的是保障公民權利，制衡政府權力，賦予世界更多可能性；至於價格，不過是以上成功所帶來的副產品而已。

再說，批評是簡單的，預測失敗是容易的，創新本來就九死一生，死不掉的又只有十分之一最終大成。在開源世界，失敗乃成功之母，失敗包含在成功之中。比特幣與區塊鏈的白皮書、源碼、數據全部開放，作為人類歷史上前所未有的社會實驗，即使不能一舉成功，後人也能基於積累下來的經驗與智慧進一步開發，直到有天成功顛覆。

破壞式創新是個弄假成真的過程，開始時必然為「假」，最終往往不能成真；以猜對某項創新的失敗為榮，愚昧非常。擁有鼓勵弄假的胸懷，支持最終成真的能力，方為真正智者。

晚生

高重建[139]

---

138)　A Declaration of the Independence of Cyberspace

139)　原文刊於《蘋果日報》專欄 #decentralizehk 2021.01.26

| 第八章 | 多元 |

　　比特幣 2009 年問世。從此以後，幣價漲跌一再成爲媒體競相報導的主題。但比特幣既是爲了實現傳統金融以外的另一種可能而生，純以美元本位來衡量比特幣價格，等於尙未跳脫旣有的框架。1 BTC = 1 BTC 已在薩爾瓦多實驗，而百花齊放的密碼貨幣，更是實現多元價值的起點。

X 本位，就是我們整個人生被 X 重重圍困而並不自覺

關不關心也好，我們或多或少聽過「金本位」。或者也知道，1971年美國總統尼克遜取消金本位，「美金」的含金量逐漸降低，最後變成「美元」，也把世界推向「美元本位」。鏡頭快進四十年，美元的量化寬鬆催生了區塊鏈，讓我們首次聽到「比特幣本位」。

到底「本位」甚麼意思，對我們的生活有何影響？本文以當下依舊最主流的美元本位作假設，嘗試從幾個角度討論本位的意義。

X 本位，就是把 X 視為永恆

且從最簡單的理解開始。

當我們投資，會把美元轉換成其他資產；一段時間之後，又會把資產轉換回美元，實現盈利或虧損。當我們沒有想法，想要停泊，想要安頓，會把資產泊在美元。

當會計師合併報表檢視集團業績，會把各種外幣和資產都轉換成美元來表達和衡量。

本位是分母,其餘都是分子。所以當我們持有 7.8 港元,持有的是 7.8/7.8 = 1 美元。

當我們外遊,會把美元兌換成當國貨幣,回國後兌換回美元。

以上,都是美元本位的體現。

X 本位,就是隨 X 逐流

我們持有 1,000 美元,不做任何操作,十年後我們依然持有 1,000 美元。我們自覺沒在投資,也沒有虧損。

雖然 1,000 美元已經買不到同等份量的食物,更不可能買回相同面積的房子,但我們認爲那是物價在漲,房價被炒高。無論物價怎麼漲,房價多麼高,只要繼續以美元本位,我們就不會有虧損,感覺穩健。

當我們純以美元本位看待事情,持有美元就是沒在投資,把美元兌換成外幣、買入股票、房地產、比特幣等,才會被視爲投資行爲。

順帶一提,相同的邏輯也適用於「體制本位」。當我們說自己「中

立」，不管政治，代表我們接受、認可甚至鼓吹現有體制和政權；當有人說學校不該談政治，他希望學校天天唱國歌，日日教愛國。

這些都很好懂，只是多數人日常不會去想。

X 本位，就是 X 已經內化成理所當然

我們每天在花錢，但絕少思考金錢的本質。正如我們每秒在呼吸，但不會研究空氣的成分，更不會哲學家上身，思考呼吸的意義。

我們認為錢就是錢包裡面一張張的鈔票，口袋裡面一個個的銅板。我們覺得，這世界除了金銀銅鐵錫，還有一種礦物，稱之謂「錢」，反正礦物都是金字旁。

以為錢天生就長成華盛頓頭像那樣子，是忽略掉貨幣整個演化過程。與被怪獸家長寵壞的小屁孩以為西瓜就是一顆顆小正方體，不遑多讓。

稍微抽離，人人都知道美元只有二百多年歷史，港元、人民幣、台幣、歐元歷史更短。但一旦它成為本位，就會極速內化成理所當然，成了無可動搖，自有永有的存在。

處身本位，既讓人舒適，也讓人變笨。

X 本位，就是日常談話省略掉基本假設 X

當我們說杯子靜止不動，相對的是桌面，是地球表面。因為我們日常生活以地球本位。

沒有人會說「相對於地球表面，杯子靜止不動」。如果真的有，他要麼是瘋子，要麼是天才，叫愛因斯坦。

我們說買東西，賣東西；「買 Y」就是指以美元換取 Y，「賣 Y」就是指以 Y 換取美元。

沒有人會說「以美元本位，買賣東西」。

「以 X 為本位」從日常用語中被省略掉，但大家都能理解，而且基於這個假設溝通。本位沒有問題，以 X 為本位而不自知，卻很有問題。

可幸的是，在已發展國家，地動說是基礎教育的初階內容。受過教育的大都清楚天外有天，要是我們從太空以上帝視角往下看，所謂

「靜止」的杯子，一直隨著地球轉動。

X 本位，就是我們整個人生被 X 重重圍困而並不自覺

　　然而宏觀經濟學雖然跟每個人的生活息息相關，卻不會被納入基礎教育。況且，宏觀經濟學即使「宏觀」，往往也是以特定貨幣本位。現代貨幣理論認為，主權國家貨幣視為只跟稅收與公債對應，而不與商品及其他外幣掛鉤，被視為非主流經濟學。

　　缺乏對主權國家貨幣起源與運作的認知，使得大部分人以當地法定貨幣本位但並不自覺，甚至毫不自知。情況就如十六世紀天動說還是常識，地動說被視為異端，大部分人都以為地球不動，動的是天體。

　　區塊鏈和密碼貨幣，提供了法定貨幣本位以外的可能性。你未必要基進得選擇使用比特幣或以太幣等作本位，但你必須意識到，本位貨幣並非物理的必然，而是社群的選擇。

　　很多人覺得密碼貨幣很難懂，正是因為一生都活在法定貨幣之內，沒法想像牆外的世界。不，應該說，沒法接受牆外還有一個世界。

不，還是錯了，是根本不知道自己身處牆內。[140]

140）　　原文刊於《區塊鏈社會學》週報第 42 期，2022.04.07

對於薩爾瓦多人，1 BTC = 1 BTC

上星期幣圈最重要的小事，無疑是薩爾瓦多議會大比數通過比特幣與美元並列，成為該國的法償貨幣（legal tender）之一。

說它「小事」，是因為薩爾瓦多面積只有不到八個香港大，人口更略少於香港，只有六百多萬；地理白痴如我，在 Twitter 讀到新聞時，得靠 Google 才知道 El Salvador 在哪，中文譯名是甚麼。然而，這是首次有國家在法償貨幣的層面認可比特幣，歷史意義非凡，從此，「1 BTC = 1 BTC」不再是比特幣信仰者的專利，也是薩爾瓦多民眾的生活日常。

1 BTC 等於 1 BTC 不是廢話麼？不，我嘗試用最近的一件小事解釋。

分文不收，只收 LikeCoin？

不少讀者知道，2017 年，我跟幾位朋友發行了密碼貨幣 LikeCoin，定位創作者與內容愛好者共同體的社群通證（social token）。LikeCoin 是個無大台出版基建，首項功能是「化讚為賞」，

把讀者的按讚化爲社群通證回饋給作者。

前兩天，好友 D 跟我說一直很支持我，寫文章「一個仙都無收，淨係收 LikeCoin 咋」[141]。對於 D 的支持，我衷心感激；但我同時知道，依賴朋友的支持並不足夠，眞正需要做到的是，作者使用 LikeCoin，並不是因爲支持我，甚至不是因爲支持理念，而是因爲好用、有用。

一般人大概不會像我，明明 D 的話很正面，聽着卻體會到自身的不足：前一句是分文不收，後一句是只收 LikeCoin，潛台詞是，言者完全沒把 LikeCoin 當成有用、有購買力的東西。畢竟你不可能聽到香港的網紅說，我在 Patreon 分文不收，只收美元。

D 沒有意識到，他過去一段時間寫文章賺到的 LikeCoin，有需要大可以兌換成港元，或者兌換比特幣，以密碼貨幣結算的 VISA 貸記卡吃雲吞麵去。

我多次寫到「本位」的概念。港元本位，指衡量一件事的價值以其

---

141)　「分文不收，只收 LikeCoin。」

港元價格去思考，例如一斤菜價格 12 港元，又例如 1 美元價格 7.8 港元。至於感覺上不能直接兌換成港元的資產，則會被視爲毫無「金錢性」。這是賺取 LikeCoin 的 D 會覺得自己分文不收的原因。

試著踏出美元本位思考框架

回到比特幣的例子。現在沒有太多人會認爲比特幣毫不值錢了，然而，世界還是由美元爲首的法定貨幣主導，不同國家的人民以相應的法定貨幣本位思考。人們覺得比特幣有價值，是因爲知道比特幣能兌換成美元，比如撰稿的一刻，35,000 美元。換言之，在美元本位的世界中，1 BTC = 35,000 USD，除了極少數的比特幣信仰者，幾乎沒有人會以 1 BTC = 1 BTC 思考。

薩爾瓦多議會通過把 BTC 列作法償貨幣，代表薩爾瓦多人民可以比特幣本位思考。或許你會覺得這樣問題多多，比如比特幣的交易成本高昂，又比如薩爾瓦多的上網率低，沒網絡的民眾要怎樣生活等。我即使是密碼貨幣大好友，但不會對此視若無睹，這些的的確都是實際問題，解決方法還有待觀察。

然而如果你的疑問是比特幣的幣價很不穩定，一碗雲吞麵的價格時高時低那怎麼辦，對不起，你還沒搞懂 1 BTC = 1 BTC，依然站在

美元本位思考，完全問錯了問題。當你站在比特幣本位思考，以比特幣定價的雲吞麵，價格是穩定的。

世上所有穩定，都是相對的。[142]

---

142)　原文刊於《蘋果日報》專欄 #decentralizehk 2021.06.15，為最後一篇刊於紙媒的文章。《蘋果日報》於 2021.06.24 被停辦。

世上所有穩定都是相對的

〈穩定幣＝美元的價值＋Bitcoin 的靈巧〉一文發表後，有人在 DHK dao 電報群問，近來美元下跌，那穩定幣會怎樣。顯然我沒能讓提問者透徹了解概念，才會有這條問題出現。

提問者似乎覺得，有一種穩定是絕對的，任何時候始終保持穩定。實情是，不單是密碼貨幣，即使放諸四海，絕對的穩定從不存在。不鎖定一個參照的對象，根本沒法談論穩定與否。

「絕對穩定」是個錯覺

有「絕對穩定」這種錯覺，是因為在日常生活中，穩定所對應的目標通常不會明言，只會按著語境隱含在字裡行間。當我們說菜價肉價穩定，相對的是港元。說資產價格穩定，相對的是美元。說某物件穩定，相對的是地球——如果相對的是太陽，這物件就是在動了。說社會穩定，相對的是……高官，無論人民生活如何，他們每月的工資照樣袋袋平安，因而穩定，直到自己被別國制裁，才覺得社會很不安定，瘋狂找人祭旗。

以 X 作爲參照，也稱爲 X 本位。卽使一家公司的業務和資產分布在一百個國家，財務報表還是會兌換爲母公司註冊地的法定貨幣，才有參照依據，判斷公司盈虧，理論上也是按參照貨幣繳稅。假如說公司註冊地是美國，那就是美元本位。

卽使是個人，只要銀行帳戶持有超過一種貨幣，月結單都會按結算當日匯率，把所有資產以港元顯示，卽港元本位，用戶才能產生資產總值的概念。現代人的腦袋，還不懂得處理「多元」。或許也是因此，多元價值總是被兌換成單一價值衡量，比如國家領導人就曾說，「宗教界、體育界沒有經濟貢獻」[143]。

回到一開始的問題，美元「相對其他資產」下跌，相對美元穩定的密碼貨幣，自然是一同相對其他資產下跌。要說得精準，難免累贅。

資本主義中踏實是過錯

有一位好友剛在 Facebook 貼出自己錢包的截圖，顯示近半年來，手持的以太幣翻了兩倍。他不是曬盤，反而說密碼貨幣如此不穩定，很恐怖。

---

143)　《明報》：〈梁振英：宗教界、體育界沒有經濟貢獻〉

　　既然穩定是相對的，升值當然也是相對的。哥白尼之前，世人都相信天動說，因為人天生就自我中心。要是我們能站在太陽看過來，角度就不一樣。幣價的漲跌其實也一樣，站在另一個角度看，好友同樣可以說，美元好恐怖，這半年跌了七成！這是以太幣本位。

　　可能有人覺得我誇張，純理論，其實不然。密碼貨幣的信仰者或者深度投資者，很多都會用比特幣本位思考。假如你在最大密碼貨幣交易所幣安有帳號，打開資產頁，會看到所有資產都被兌換成比特幣，相加起來顯示總資產。

　　以比特幣本位思考，判斷資產的漲跌，對應的就不是美元。比方說，蘋果的股價從年初至今升值五成，這是美元本位思考。由於比特幣相對美元從年初至今漲了六成，從比特幣信仰者的角度，假如你年初拿比特幣去買 AAPL，到今天為止，你虧了錢。

　　1985 年，在匯豐真箇是香港人的銀行，還歡迎小存戶那個年代，有輯經典電視廣告。鏡頭影著社會上各個階層，打開那本經典紅色的港元存摺和綠色的美元存摺，數字發出耀目光芒，把存戶面容照亮。旁白說「匯豐穩健嘅作風，令我哋覺得有保障。」[144]

---

144)　　匯豐穩健的作風，讓我們覺得有保障。YouTube「香港中古廣告：滙豐銀行（發亮的存摺簿）1985」。

　　默默耕耘，踏實生活的老百姓，判斷自己有否富裕了，是盯著銀行帳戶的數字。很可惜，個人是否富有，卽購買力有否提升，得相對貨幣總量來衡量。印鈔機狂開，總有小部分錢流到星斗市民手中，讓大家彷彿富有了，感覺良好。但實際能買到的，卻是越來越少。

　　在資本主義的國民騙局當中，踏實就是錯。[145]

---

145)　　原文刊於《蘋果日報》專欄 #decentralizehk 2020.08.18

幣價不穩定是比特幣最大毛病？談價值相對論

聽了過百次「幣價不穩定是比特幣最大毛病」，且把評論展開，分析一下。

先來看這句話背後的假設。潛台詞一，幣價穩定的話比特幣會改善不少。問題來了，幣價穩定的「比特幣」有用麼？比特幣面世十二年後的今天，世界發現了密碼穩定幣原來很有用，只不過，穩定的比特幣還是比特幣麼？

比特幣核心價值與美元不同

潛台詞二埋得比較深，前面有一句「以美元本位來說」。「世上所有穩定都是相對的」，當有人說比特幣不穩定，必然是相對一種東西，只是在日常語境沒說出來，它就是地表上最強勢貨幣，美元。不說經濟說物理，當我們說桌面上的杯子穩定不動，也有個潛台詞，「相對地球而言」。對很多人來說，美元就是物理定律，儘管它僅有幾百年歷史，且鑄造邏輯還一而再改變。

2008 年雷曼兄弟爆破後六星期，比特幣白皮書發表，描繪出前

所未有，跟美元和其他法定貨幣完全不同的方式，從民間透明有序地發行一種全新資產。兩個多月後的 2009 年 1 月，比特幣正式面世，第一個區塊，即產業術語所謂創世區塊（genesis block），上面寫著「The Times 03/Jan/2009 Chancellor on brink of second bailout for banks」[146]。岳飛母親在他背上刺上「精忠報國」這個民間傳說是否屬實，我們無從稽查，但比特幣發明者在它出世紙上透過泰晤士報的頭條控訴國家政府濫發貨幣，卻是誰都可以驗證的事實。

可見，打從創世紀比特幣的核心價值就跟美元南轅北轍，與其說比特幣相對美元幣價不穩是最大毛病，不如說那是它的最核心價值。批評比特幣幣價不穩，好比當 Elon Musk 做出適合火星用的汽車，你卻批評這台車不適合地球的馬路，捉錯用神。

純美元本位會致盲

用美元或其他法定貨幣來支付基本生活所需是事實，因此關注美元本位的盈虧並沒有錯，我並非離地到忽略這些基本概念。然而，如果意識不到美元本位只是眾多看事情的角度之一，那是一種盲點。就如我們對身處的經緯座標瞭如指掌，卻不知道地球以外還有廣闊得多，歷史短暫的人類仍未認識的宇宙。

146)　https://www.thetimes03jan2009.com/

嫌扯得太遠，我且回來在日常語境解釋美元本位如何致盲。剛解釋當我們說穩定是從美元本位出發，甚至當我們說「買比特幣」，也是美元本位，因為如果從比特幣本位出發，那是「賣美元」。意識不到這點，感知就會缺失一大塊，比如當比特幣明天跌了 50%，大家會跑來罵我，你看你看，比特幣跌了；但如果比特幣明天漲了 100%，大概很少有人說，你看你看，美元又跌 50% 了。

這，就是一種感知的缺失。

比特幣本位看世界

要突破以上盲點，試著不要用「買賣」去思考，改用「轉換」。既然談的是投資，資本就是滿足了基本生活需求以外的閒置資產，這部分餘裕必須以某一種資產型態來儲存，即所謂 store of value。如果只懂得以美元本位來衡量投資回報，存著美元不動就以為自己沒有虧錢，是大錯特錯。事實上這才賭得最大，晒冷 all in 美元，不斷虧損而不自知。

請嘗試 zoom out，不要被政權的國民教育扭曲世界的邏輯，蒙蔽你的雙眼。[147]

---

147) 　原文刊於《蘋果日報》專欄 #decentralizehk 2021.02.09

source: The Times 2009.01.03

元宇宙：元的多重宇宙

有一幅網上漫畫，給我留下深刻印象。

那是單格漫畫，森林中猴子、企鵝、大象等動物一字排開，前方的公證人說：「公平起見，大家用同一個方式應考：爬上那棵樹。」

source：互聯網

　　顯然，這是位荒謬的公證人。但更荒謬絕倫的是，這森林正是現代社會，我們正是這些動物。明明每個人都有不同的才能，但社會卻以同一個公開試去評核所有學生，公開試的成績大大影響升學，大學文憑又大大影響求職。

　　與其說這漫畫是諷刺，不如說它是現代社會教育體制的寫照。

單元的叢林法則

　　但故事還未完。如果作為成年人的我們以為找到工作、事業上軌道，也有了一定資歷之後，以上已經跟我們沒有關係，恐怕太樂觀。

　　很多「魯蛇」（loser）都經歷過，在十週年、二十週年、三十週年的舊同學聚會上，遇上在投資銀行工作，應有盡有的人生勝利組，跟自己對比起來，不免感覺鬱悶。老生常談不要跟人家比較，工資不代表甚麼，金錢不重要，物質不重要，最重要是家人的陪伴，身體健康，諸如此類。看得開的人都懂這些道理，反正人大了，不懂也得懂。

　　然而，你改變得了主觀感受，卻改變不了客觀事實。坦然以對是一回事，事情的本質是否公允合理，又是另一回事。很多貴重物品你就是買不起，很多花錢的心願你就是達不成，即使你同樣努力工作，

即使你的工作可能更具意義。為甚麼寫作賺的錢比銀行家少？為甚麼前線醫護人員比管理層的工時長、薪資低？

我不是要激起大家的仇富情緒，亦不是鼓吹所有工種同等待遇，而是指出一個事實：我們的社會，一直在用單一標準去衡量所有工種，工種的背後是人，也就是說，我們的社會以單一測驗標準，衡量所有人的價值。

那套測驗是賺錢能力，每個人的得分是金錢，金錢的單位叫「元」。

魯蛇的自我拷問

再分享另一個小故事，這次是第一身的真人真事。

前陣子替朋友的新書寫序，出版社聯繫我，說稿費每字台幣 2 元，我好意外，即時反應是，甚麼，寫序言有稿費的麼！？不久，又轉而為自己的意外感意外，原來我已經被馴服得，竟然為自己的文字可以換取金錢而感到意外。

文字工作者這個身份，過往從來沒有為我帶來多少收入。如果這只是發生在我身上，我大概會斷定是自己學藝不精，但是，我認識的

創作者，包括很出色的小說家，每一位都很接受「這份事業不太賺錢」，甚至有時沒法餬口這個事實。他們有些過著簡樸的物質生活，有些靠能賺錢的主業支撐寫作副業，有些則只能偶爾才寫寫。

後來我萌生了一個想法，很少說出來，因為很可能笑壞人，或者被老媽責備是在為不會賺大錢找藉口。我的文字不賺錢，會不會問題不在我，而在錢？會不會不是文字沒有價值，而是金錢這種東西，不懂得去反映文字的價值？

我帶著這份疑惑，在 2017 年發起了 LikeCoin。

LikeCoin 的實踐

LikeCoin 是無大台出版基建，第一個、也是最容易理解的功能，是「化讚為賞」，把以拍手表達的「讚」，轉化為有價值的「賞」，透過 LikeCoin 為載體，給予創作者。用現在的潮語表達，就是「write-to-earn」。一般人都覺得這概念很好，但接著會問，錢從何來，LikeCoin 為甚麼值錢。

這個問題合理，正如時下最流行的 move-to-earn 一定也會被問，你跑步與我何干，為甚麼我要埋單。在已發展國家，有價值沒價格的

事情，一般需要靠政府補貼，比如圖書館、博物館、檔案館等都是，又或者更基本，無關文化的例子，燈塔。

我參與過的公民社會國際研討，歐美國家的出席者都會有個基本假設，做有意義的事情，即使不能賺大錢，至少有政府和非營利組織支持，而非營利組織則能得到捐款人支持。可是，如果你身處的國家，政府不重視這些價值，甚至是新聞、媒體、創作、自由的殺手呢？如果你的政府不但不幫忙，還扭盡六壬追擊非營利組織及其捐款人呢？你唯有創造出內在價值（intrinsic value），並向群眾解釋，靠市場的力量支持。

LikeCoin 的內在價值，在於無大台出版，其底層的區塊鏈專門儲存作品元資料（metadata）。任何人只要付出若干 LikeCoin，都可以把自己的作品記錄在內，讓一班分布在世界各地的驗證人分散式記錄，防止因單點故障丟失，也避免被權力機關竄改，讓作品在人類歷史上永久流傳。技術上 LikeCoin 可以承載任何內容，實際應用上，它特別適合新聞保育、公民媒體、獨立創作、事實查核和歷史檔案等。

其次，LikeCoin 也是無大台出版共同體的社群通證，反映持份者的話語權。社群會討論撥款、經濟、技術、出版等議題，成熟後在鏈

上提案，由驗證人代議及持份者直接投票，以流動民主的機制，實踐社群自治。

　　五年來，因為 LikeCoin 的設計、經營和開發，我有的沒的學了一堆，才後知後覺，自己傻傻地活了半輩子，一直沒搞懂過金錢是甚麼，怎樣運作。我邊學邊寫，有時是大量進食知識消化後的科普，有時是吃過紅藥丸後所見所感的分享，也有些時候，不過是自省甚至近乎自言自語的碎碎念。這些文字，匯合成《所謂「我不投資」，就是 all in 在法定貨幣》，握在你手中。

開始懂了，快樂是選擇

　　比特幣出現前，金錢等同於法定貨幣可說是一種刻板印象。人類幾乎斷定，由國家政府發行、鑄造與管理的法定貨幣，是金錢的唯一可行實現方式。與此同時，從民主到極權政府，也都很願意人民這樣相信，其提供的教育與論述，不斷加強這份定見。

　　但比特幣為人類證明了，金錢可以在無大台的基礎上發行。你大可以批評這個第一代的分散式帳本不環保、速度慢、容量小等等，這些都是事實，但你不能抹煞它提供了法定貨幣以外，人類歷史上前所未見，截然不同的金錢實現方式。

撇開數位化，單就分散式達成共識而言，比特幣並非首例。世人熟悉的黃金，也從來沒有一個權力中心背書，卻跨越國界，也跨越千年，成爲世界認可的價值存儲工具，只是一般的語境不用「無大台」來形容它而已。要斷定跨越時空的無大台金錢絕不可能，先要面對黃金就是一種跨越時空的無大台資產這個事實。

比特幣的誕生，催生出其他幾千種密碼貨幣，各有非常不同的設計、定位和規模，但都有一個共通點：人們持有它和使用它，是要解決它針對的問題，認同它描繪的願景，或最低限度，投機它未來的價格；換言之，這是個人選擇。相對而言，我們每天使用法定貨幣的最大原因，一言以蔽之就是「法」律規「定」，我們從來就沒有選擇。

有人會說比特幣永遠不會取代美元，密碼貨幣轉帳永遠不能取代VISA 之類。我不確定這些人的「永遠」有多遠，但相對於駁斥，我更想說的是，我從來就不認爲密碼貨幣的目標是要取代法定貨幣。

我對密碼貨幣義無反顧的原因是，它提供了選擇。我依然每天使用港元、台幣、美元去解決日常生活所需，但我有權選擇以比特幣儲存閒置資產，以 LikeCoin 出版文章和支持創作者，和使用各種密碼貨幣滿足元宇宙中各種生活所需。

選擇是自由的實踐；選擇貨幣，是財務自由的實踐。

元宇宙：元的多重宇宙

選擇帶來多元，多元的英文是 diversity。元也是貨幣單位，所以多元也解作 multicurrency——好吧，純粹開玩笑。不過認眞的是，想要世界有 diversity，我們的確需要 multicurrency，才能避免除了衣食住行以外，連所有人、所有事、所有價值，都由該地的法定貨幣來衡量的單元演繹。

「元」字還有一個意思，是後設（meta），所以 metaverse 一般譯作「元宇宙」。因爲 Facebook 的規模與論述能力，很多人被 Mark Zuckerberg 洗腦，覺得元宇宙就是虛擬實境世界，實際上，正好相反，把公司名都改爲 Meta 的 Facebook，幾乎是跟 metaverse 最遠的存在。

所謂後設，是凌駕、超越於當前，比如 metaphysics，形上學，就是研究凌駕於物理（physics）的學問，如靈魂是否存在，生命的意義等。元宇宙要稱得上「元」，它的存在首先需要超越現有體制，最簡單的例子，如果以太坊記錄了你的錢包地址有 1 ETH，任何政府都抹不走這個事實。

其次，元宇宙必須是開放的，這是比「元不元」更基礎的理念，宇宙可是沒有牆的。偏偏，Facebook 是個封閉花園，它不給你帳號，你連進都進不了。而且，作為美國上市公司，它也需要緊隨美國政府的政策與指示，刪除華府所不樂見的資訊。Facebook 很龐大沒錯，但即使它規模再大，充其量只是個很大的封閉花園。自比元宇宙，諷刺之極。

元宇宙，不應該隔絕任何國家、任何用戶，也不可能從屬於任何政府，不應該只承載單一價值。可以肯定，有些政府會用盡一切方法，阻止人民接觸元宇宙，但那是另一層面了，展開來足以一本書討論。

元宇宙，將不再以地理劃分個人的從屬。個人有的是選擇──選擇能夠實現其所重視價值的區塊鏈與應用；選擇使用各種密碼貨幣作為價值釐定、價值儲存和價值交換，實踐真正意義的「多元」；選擇所認同的共同體，更不限只參與一個，而是能在多個共同體之間任意穿梭。也正因每個共同體擁有不同的價值觀，個人在當中也會有著不同的際遇。

元宇宙，是實踐元的多重宇宙。

財富自由主義

1、最基本的財富自由，是被動收入足以支撐生活。

2、進一步的財富自由，是因應需求選擇各種貨幣。

3、終極的財富自由，是免於被剝奪資產的自由。

4、財富自由的層次越高，密碼貨幣的角色越重要。

5、金錢上稍有餘裕就必須投資，無需也無法避免。

6、以最少時間和心力投資，騰出時間生產和生活。

7、嚴守紀律，避免槓桿，定額定投比特幣四年。

8、財富自由不是終極目標，而是實踐理想的條件。

飛地出版・【創造】書系

《財富自由主義：金錢的多元宇宙》
Moneyverse: how money works in the multiverse
2024 年 2 月（實體印刷第一版）

作　　　者 ——高重建
封 面 設 計 ——劉仁顯
排 版 設 計 ——李宜靜

出　版　者 ——飛地出版
　　　　　　　地址 : 台北市萬華區中華路一段 170-2 號
　　　　　　　電話 :(02) 2371-0300
　　　　　　　電郵 :books@nowhereximen.com

總　編　輯 ——張潔平
web3 發行人 ——高重建
編　　　輯 ——黃潤宇

印　　　刷 ——搖籃本文化事業有限公司
紙 本 發 行 ——大和書報圖書股份有限公司

國家圖書館出版品預行編目 (CIP) 資料

財富自由主義 : 金錢的多元宇宙 = Moneyverse : how money
works in the multiverse／ 高重建著 . -- 第一版 . -- 臺北市 :
飛地出版 : 大和書報圖書股份有限公司發行 , 2024.02
224 面 : 15×21 公分 . -- (創造書系)
ISBN 978-626-98362-0-8(平裝)

1.CST: 電子貨幣 2.CST: 資訊社會 3.CST: 投資

563.146　　　　　　　　　　　　　　113001614